浙江省高职院校“十四五”重点立项建设教材

U0854497

GAOZHI
LAODONG
JIAOYU
RONGMEITIBAN

高职劳动教育

融媒体版

倪淑萍 /主　编
顾　骏　包佳佳 /副主编
胡嘉苗　廖沙沙　吴雪峰　朱　瑾 /参　编

北京师范大学出版集团
BEIJING NORMAL UNIVERSITY PUBLISHING GROUP
北京师范大学出版社

图书在版编目（CIP）数据

高职劳动教育：融媒体版 / 倪淑萍主编 . —北京：北京师范大学出版社，2022.7（2025.7 重印）

ISBN 978-7-303-27934-0

Ⅰ.① 高… Ⅱ.① 倪… Ⅲ.①劳动教育—高等职业教育—教材 Ⅳ.①G40-015

中国版本图书馆 CIP 数据核字（2022）第 106006 号

GAOZHI LAODONG JIAOYU RONGMEITI BAN

出版发行：北京师范大学出版社 https://www.bnupg.com

北京市西城区新街口外大街 12-3 号

邮政编码：100088

印　　刷：天津市宝文印务有限公司

经　　销：全国新华书店

开　　本：889 mm × 1194 mm　1/16

印　　张：9

字　　数：224千字

版　　次：2022年7月第1版

印　　次：2025年7月第5次印刷

定　　价：38.00元

策划编辑：王云英　　责任编辑：吴纯燕

美术编辑：焦　丽　　装帧设计：焦　丽

责任校对：张亚丽　　责任印制：赵　龙

前　言

“劳动教育”是学校为新时代教书育人重点打造的课程，本书的编写以习近平新时代中国特色社会主义思想和党的二十大精神为指导，以《大中小学劳动教育指导纲要（试行）》为依据，基于对劳动教育的意义和特点的认识，落实立德树人根本任务，在课程定位、教材立意、内容架构、教学风格等多个方面，进行全新探索。

一、劳动教育的定位

2013年4月28日，习近平总书记在同全国劳动模范代表座谈时指出：“必须牢固树立劳动最光荣、劳动最崇高、劳动最伟大、劳动最美丽的观念，让全体人民进一步焕发劳动热情、释放创造潜能，通过劳动创造更加美好的生活。”

总书记这段话并不是直接就劳动教育而说的，但对劳动教育有深刻启示，可以从中发现劳动教育的方向、定位和策略。

第一，劳动教育必须以实践为取向。

劳动教育的目的和归宿是激发学生的劳动热情，使之亲近劳动，热爱劳动，掌握劳动本领，最后投身劳动活动。确保年轻人继承中华民族勤劳勇敢、艰苦奋斗的传统美德，形成良好的劳动习惯。这对于加快国家发展，保持经济活力，助力个人成长，至关重要。劳动教育必须坚持实践取向。

第二，劳动教育重在劳动观念培养。

劳动教育包括理论教育和技能教育，理论教育涉及知识教育和观念教育。在高职教育中，劳动技能教育早已有之，知识教育也多有开展，相对来说观念教育略显单薄，尤需加强和优化。在人的行动体系中，观念、态度和情感决定行动方向，而知识和技能服务于行动的实现和效率。仅仅拥有劳动知识和技能，没有明确的观念、积极的态度和热忱的情感，不足以让人主动从事劳动。总书记强调“必须牢固树立劳动最光荣、劳动最崇高、劳动最伟大、劳动最美丽的观念”，因为只有在正确的劳动观念的引导下，个人才会发自内心地尊崇劳动、亲近劳动，才能投身于劳动、专注于劳动，实现创造潜能。劳动教育，观念必须走在知识前面。

第三，劳动教育必须突出价值观教育。

劳动是物质财富和精神财富的源泉，也是衡量事物价值的标准。“劳动最光荣、劳动最崇高、劳动最伟大、劳动最美丽”既体现对劳动价值的认可，也指出劳动具有衡量事物标准的地位。不管科学技术发展到什么程度，劳动中永远有“出力出汗”的成分，只有认可和认同劳动具有最高价值，发现劳动本身的意义和乐趣，才能克服人的惰性，勤勤恳恳，兢兢业业，在平凡的工作中，精益求精，百折不挠，创造不平凡的业绩。工作无贵贱之分，因为劳动有价值，劳动本身就是价值。

第四，劳动教育要着眼学生内在需求。

劳动是人类谋求生存和发展的基本活动，在社会主义市场经济条件下，劳动具有既利己、又利他的双重属性，客观上融合了个人利益与集体利益。劳动教育要以学生为中心，尊重他们的现实利益和个性需求，引导和支持他们以自己的双手和大脑，“通过劳动创造美好生活”，实现人生追求。劳动教育必须紧贴学生的生活环境、心理状态、认知条件和能力基础，与他们日常生活中所遇到的具体场景相结合，确保“听得进、学得像、做得到”。劳动教育必须倍加爱护学生的劳动主动性和积极性。

综上所述，劳动教育要以认同劳动价值为目标引领，以树立劳动观念为主体内容，围绕“劳动最光荣、劳动最崇高、劳动最伟大、劳动最美丽”，努力激活学生创造美好生活的内在驱动力，促使其焕发劳动热情、释放创造潜能，助推其人格成长。

二、劳动教育框架结构

在总书记关于劳动“四个最”的论述中，光荣居先，崇高在次，伟大再次，最后是美丽。这一排序既有学理考量，又有现实指向，特别契合劳模代表座谈会的情境：全国劳模是党和国家授予劳动者的最高荣誉！

在课堂上，劳动教育面对的是对劳动体验不深、认识不清的大学生，只有从他们熟悉的生活世界切入，才能引发兴趣、得到接纳。基于今天大学生对美丽事物和美好生活的敏感和追求，将相对感性的“美丽”置于首位，通过展示美好事物，吸引他们的注意力，再揭示背后劳动的决定性作用，有助于学生直观感受劳动，积极看待乃至欣赏劳动。有了这样的心理基础，再以劳动伟大震撼之，以劳动崇高折服之，以劳动光荣感召之，逐级递进，可以更加顺畅地树立劳动观念，端正劳动态度，开启劳动准备。

三、“四个最”的具体化操作

“劳动最光荣、劳动最崇高、劳动最伟大、劳动最美丽”是对劳动的最高评价，反映出对劳动和劳动者的深厚情感，揭示了平凡劳动内含的深刻哲理，为劳动理论教育提供了宽阔的学理空间。深入挖掘“美丽、伟大、崇高、光荣”的理论内涵和实践价值，将其具体化、现实化，可以大大地增强劳动教育的感召力和说服力，提高学生的接受度和认同度。

1.着眼“价值”说“美丽”

劳动是物质财富和精神财富的源泉，劳动同时具有审美价值、经济价值、道德价值乃至人生价值。“劳动最美丽”从劳动成果之美入手，经过技艺之美、场景之美、精神之美和境界（劳动本身）之美，实现由审美价值经过经济价值，向道德价值、人生价值的演进，引导学生在体验不同劳动之美的过程中，潜移默化，领悟和体认劳动价值，接受劳动价值观。

2.凸显“创造”说“伟大”

人类之有今天，离不开自然进化，更离不开自己的创造，创造的本源是劳动。强调劳动的创造性，既符合马克思主义劳动观，呼应国家发展和民族复兴对当代大学生创新素质的迫切要求，也顺应大学生通过创造和创新实现自身价值、建设美好生活的追求。这一章以劳动的本质是创造破题，从劳动创造人类、创造世界、创造历史、创造生活，经过创造家庭、创造个人，最后以劳动创造劳动、推动人类社会发展结尾，实现劳动观与唯物史观的对接连通。

3.聚焦“责任”说“崇高”

崇高是一种道德情感，“高山仰止”表达了对意志主体约束自我以履行责任的推崇。自觉自主的劳动是个人履行责任的基本方式。劳动教育要培养学生的劳动兴趣和爱好，这毋庸置疑。但劳动不是游戏，在引导学生亲近劳动、欣赏劳动的同时，必须让他们记住，劳动需要付出，在人类完成由必然王国进入自由王国的历史进程之前，接受不那么令人愉悦的劳动任务是常态。引导大学生接受“劳动是责任”，认同“自觉履行劳动责任是人格成熟标志”，确立勇于担当、乐于劳动的人生态度，是劳动教育教书育人使命之所在。带着尊崇感去劳动，大学生在未来的职场中不是被动的产品生产者或服务提供者，而是新时代富有责任心的自觉主体。劳动者要做国家的主人，先要做自己的主人。

4.围绕“回报”说“光荣”

“种瓜得瓜，种豆得豆。”劳动者获得合理回报，是社会公平正义的体现。马克思主义从不否认物质利益，始终维护劳动者权益，按劳分配是社会主义的神圣原则，中国特色社会主义是亿万劳动者“通过劳动创造美好生活”的制度保障。劳动教育要全面展示在社会主义制度下，个人以优异的劳动表现，可以获得合理合法的经济利益，可以在不同层次上实现人生价值，还能够以自己对国家和人类的贡献，成为历史记忆。

为了体现“最”的价值高度，四个板块最后一讲的主题都着意提升劳动教育的哲学内涵，以劳动本身就是美、劳动创造劳动、平凡劳动贡献人类和劳动者成为历史记忆的立意，奏响新时代劳动的最高礼赞。

四、四大主题的展开

劳动教育属于专题教育，必须紧扣单一主题，层层展开为课程整体。因此，内容选取和结构设计是重头戏。近年出版的不少劳动教育教材采取了知识罗列的策略，通过拆解劳动概念，提炼出一系列知识点，分别展示，逐个讲解，最后形成整体覆盖。比如，从劳动概念中拆分出劳动类型，分别为生活劳动、生产性劳动和服务性劳动，逐一详解。再比如，拆分劳动精神，一一介绍其构成要素，再延伸出工匠精神、劳模精神，进一步介绍其内涵和构成，如此等等。这一设计策略的可取之处在于所有延伸概念本身含义明确，且相互之间具有内在逻辑关联，由此形成的课程架构比较清晰和完整。其不足之处在于，第一，结构容易失衡，要保持各部分篇幅相等有难度，容易留下若干章节用作零星知识的“收容”；第二，内容安排上容易形成劳动知识的简单堆积，出现重知识而轻观念的倾向，一定程度上混淆了劳动教育与劳动研究，容易偏离劳动教育的实践要求。

实践取向、观念为主的劳动教育不仅仅停留在劳动知识的讲授上，其不但要求注重劳动观念的培养，还要求关注劳动观念的场景呈现。满足于讲解观念的定义，会让观念教育退回知识教育的老路，而只有让劳动观念同具体生活场景结合，“看得见，摸得着”，才能取得“入耳入脑入心”的育人效果，收获学生主动投身劳动的实际效果。这就需要充分利用跨学科劳动研究的成果，贴近学生生活设计场景，围绕“价值、创造、责任、回报”四个核心概念，进行多重解读和反复阐发，营造“熏陶”氛围，争取“润物细无声”效果。在这个过程中，传统的劳动知识体系既被扩大了（大量新鲜内容进入课程），也被打散了（劳动知识与更大范围的生活道理紧密结合在一起，相互激发）；而劳动观念既被强化了（直接进入标题），也被隐化了（埋藏在具有思政内涵的实例之中），最终形成“形断意不断”的逻辑主线，赋予课程以整体感和系统性。

第一章“劳动最美丽”运用了传统国画“散点透视”的技法，通过展示成果、技艺、场景等不同层次的场景所体现的劳动之美，最后达到忘我之美，引导学生感受人类所珍视的各种价值，认识劳动是价值之源的地位，坚定走“通过劳动创造美好生活”的人生正道之理念。

第二章“劳动最伟大”以劳动的本质是创造破题，从宏观的人类、世界、历史，经由中观的生活，到微观的家庭和个人，在人类生活的不同层面上展示劳动作为创造力量之伟大，由大及小，由远而近，逐渐强化学生对“劳动创造一切，伟大无处不在”的感受和认知。

第三章“劳动最崇高”采用了儒家“修齐治平”的逻辑架构，从个人对自己的责任开始，推及对家庭、社区、区域、企业、国家乃至人类命运共同体的责任，传达“责任所在，平凡劳动就是善行美德”的理念。随着社会关系的扩大，个人责任也在不断扩大，涟漪般地层层外推的结构有助于加强学生对劳动和责任的认同。

第四章“劳动最光荣”则借用了社会科学研究普遍采用的社会生活领域划分的方法，展示社会主义的政治、社会、法律和经济等基本制度为劳动者获得丰富多彩的回报提供的保障，稳定大学生对未来劳动的期待，增强他们对通过劳动创造美好生活的信心，坚定他们艰苦奋斗、持之以恒的决心。社会主义基本制度和具体制度的内在联系，让光荣不但有吸引力，而且有可信度。

知识服务于观念，形式服务于内容，手段服务于目的。劳动教育的课程结构可以多种多样，内容选择可以各有侧重，但树立劳动观念、焕发劳动热情、助力学生成长的目标始终如一！

高职教育要求学生动手和动脑并重，与劳动有关的校本课程多有开设。今天，在教育部统一部署下，面向大中小学生、更强调立德树人的劳动教育正次第展开。对于学校和教师来说，这既是一个机会，也是一项挑战，需要大胆探索，锐意创新，持续改进。

编写《高职劳动教育》是金华职业技术学院推进劳动教育课程建设的一项重要举措。在学校的大力支持下，公共基础学院（马克思主义学院）专门组建了以思政理论课教师为主的课程团队，院长倪淑萍教授主持课程开发、教材编写；学校课程思政研究中心特聘专家顾骏教授承担课程整体策划、教材框架设计、全书的理论指导和主要内容的写作；包佳佳、胡嘉苗、廖沙沙、吴雪峰、朱瑾等老师参加案例收集、教材编写和微课制作。

课程开发和教材编写得到学校领导和教务部门的全程支持和指导，张志坚老师参加了前期研讨，并提出宝贵意见；多位年轻教师为教材提供了有价值的素材，在此一并致以感谢。

由于编者水平有限，书中难免有不足之处，敬请广大读者提出宝贵意见。

■ 第一篇章 ■
劳动最美丽
002

■ 第二篇章 ■ 劳动最伟大 033

第三篇章 劳动最崇高

导读

以 2020 年 11 月 1 日零点为标准时点，我国第七次人口普查得出的数据是，中国人口总数为 141178 万人。那么多人生活在广袤的约 960 万平方千米的土地上，日复一日，小到每个人的衣食住行，中到城市的井然有序，大到国家的日新月异，全部建立在亿万人的劳动之上。尽管劳动的难易程度不等，重要性不尽相同，但无论缺了哪方面的劳动，整个社会都会陷入混乱，个人生活也会无法维持。

人类离不开劳动，人类首先必须是劳动者，然后才能是消费者，才能拥有正常的生活。

劳动，让人成其为人；劳动，让人拥有当下一切；劳动，让人活得有尊严。

不是我们自己劳动，就是别人为我们劳动，一切源自劳动，没有劳动，就没有我们在家庭里、校园里和社会上看似理应如此，其实并非理所当然的一切。

想象一下，哪天早上醒来，负责城市供水的劳动者停止了工作，仅仅校园生活将出现怎样的尴尬：

我们没法洗脸，没法刷牙，没法洗澡，也没法使用厕所；

食堂停止供应早餐，仅存的饮用水、食品很快被一抢而空；

然后，人心惶惶，老师没心思讲课，学生没心思学习，面面相觑，问了同一个问题："这是怎么啦？"

这只是因为维护城市正常运转的一个系统中的人们停止了劳动。

当城市所有工作岗位上的人都停止劳动时，我们的生活又会是什么模样，已经不用想象。

劳动，离我们这么近，又似乎离我们那么远。我们天天享受着劳动成果，却似乎感觉不到劳动的存在。甚至有人潜意识里认为劳动是别人的事情，至少眼前我们不需要劳动，也不需要准备劳动，好像真到需要劳动的那一天，上手就能做得像模像样，维护起整个学校、城市、国家乃至地球上人类的生活。

事情不是那么简单的。

劳动不是人生下来就会的，也不是人在成长过程中自然而然就能掌握的。经过数千年的演化，劳动已经发展出各种类型。有一技在手举重若轻，有循环往复熟能生巧，有如切如磋精雕细琢，有艺高胆大鬼斧神工，有齐心协力天作之合，有匪夷所思别出心裁。这些劳动看似各有不同，却有着一个共同的本质，那就是需要学习，才能掌握；需要用心，才能做成；需要热爱，才能做到出类拔萃；需要所有劳动者都兢兢业业，才能做到让整个城市、国家乃至世界井井有条，才能让人在劳动之余，安享物质充沛、生活便利、服务温馨，还有安全可靠。

在我们波澜不惊、习以为常的生活背后，有着无数劳动者的默默操持，他们的辛劳、努力、奋斗，应该被看到、被认可、被赞赏，更应该被效仿、被传承、被提升。

劳动，是每个人的本分，"不劳动者，不得食"。

劳动，是每个人的机会，"一分耕耘，一分收获"。

劳动，是每个人的事业，“有志者，事竟成”。

劳动需要学习，学习劳动知识、劳动本领，学习劳动观念、劳动精神，才能让劳动对于个人，不只是历练、磨难、煎熬，而是满足、快乐、享受。

固然，不劳动，没收入，人就无法生存，但劳动不只是为了收入，维持生存。劳动是人的生存方式本身，通过劳动，人活成了自己希望的模样，除此，别无他途。

只有学会足够的知识，掌握过硬的技能，践行正确的观念，养成良好的习惯，勤勉劳动，高效劳动，创造性地劳动，一个人才能开发内在潜力，实现自身价值，创造理想生活，在古往今来浩瀚的人海中，绽放自己独特的笑容！

劳动最光荣，劳动最崇高，劳动最伟大，劳动最美丽！

■ 第一篇章

劳动最美丽

■ PART 1

引言

世界上的美有两种，自然之美和人工之美。自然是美的，美得让人沉醉。人本身的美也是自然美的一部分，只是人有能力，在自然美的基础上，给世界增添一份美。

自然界有奇花异草，美不胜收，而人类栽培的花卉亦千姿百态，有的甚至远胜于原生品种。

自然界有各种动物，原本长相普通的鱼儿，被培育成品相众多的金鱼；原本性情凶猛的狼，在漫长的驯化过程中，衍生出了多种犬类。

在所有自然物中，被人类改变最大，美化效果最好的是人自己，无论是通过体育锻炼，在生理限度内改变了体形，还是仅仅一个滤镜就造就的美感，都是自然美基础上的人工美。

让自然变得比人类诞生前更美丽，生产出更多自然界原本没有的美的载体，是人类独有的本领，这种本领的核心和基础就是劳动。

劳动创造美丽，劳动本身最美丽。

一 琳琅满目，劳动成果之美

扫码观看微课视频

马克思指出，动物只是按照它所属的那个物种的尺度和需要来进行塑造，而人则懂得按照任何物种的尺度来进行生产，并且随时随地都能用内在固有的尺度来衡量对象；所以，人也按照美的规律来塑造物体。这就是说，劳动成果内含着美的成分。

（一）劳动中诞生的美

劳动最初产生于自然资源不足以维持生计的情况下类人猿勉为其难的笨拙活动。劳动的进化伴随着人类的进化。到旧石器时代，人类已能通过自己双手的努力，就地取材，打制出一些具有特定功能的劳动工具，用来完成一些过去无法完成的操作，帮助自己获得更多、更好的生活资源，满足自己无法直接从自然得到的需要。

这些工具突破了早期人类能力的局限，方便了人类的生产和生活，但因为人类的审美尚处于萌芽阶段，表达能力正在初步形成，所以，这些人工制品在形态上仍显得粗糙笨重、稚嫩朴拙，离美有一段距离。

岁月流逝，当人类能用双手对石材进行精细加工，将自己对世界的认知通过磨制石器来实现并加以验证的时候，一个新的时代诞生了。新石器时代是劳动的新时代，在生产工具的劳动过程中，人类不但追求实用功能，还追求审美满足。劳动创造美，初露端倪。

图 1-1-1 旧石器时代劳动工具：细石核、石片、尖状器（中国国家博物馆）

图 1-1-2 新石器时代劳动工具：石锄、石镰、石磨盘、石磨棒（中国国家博物馆）

伴随玉器、青铜器、铁器渐次出现，劳动的进化和劳动产品在美的尺度上的进化，一发不可收拾，劳动与美的关系全面展开，渗透在日常生活、衣食住行各个方面。以我们生活中最常见的杯子为例，经过千百年的演化，在保留其饮茶、饮酒的功能之外，在选材、造型上越来越强调美的表达。

图 1-1-3　商铜爵
（长军古陶瓷博物馆）

图 1-1-4　西汉漆耳杯
（长沙简牍博物馆）

图 1-1-5　战国水晶杯
（杭州博物馆）

图 1-1-6　秦云纹玉高足杯
（西安博物院）

唐代邢窑茶碗　　宋代建盏　　宋代景德镇茶碗

图 1-1-7　古代茶碗

轮子被称为人类最重要的发明之一，几千年来依托轮子的车辆不只表现出功能和原理上的技术进步，更表现出从外形到内饰的审美提升。秦始皇的马车反映了当时的认识水平、技术工艺和审美趣味，今天的参观者同样会被强烈震撼。行驶在崎岖小路上的独轮车，结构合理，皮实耐用，外形也不失美观。蒸汽机、内燃机和电动机让火车具有完全不同的审美气质，从雄壮、敦实到俏丽，各有千秋。到汽车问世之后，人们在这一具有个体消费属性的交通工具上表达出对美的极致追求，在形态、色彩等表层美观之外，对驾驶的操控感、手控部件的手感和整车动作甚至音响声效，都表现得淋漓尽致。一些豪华汽车的排气、喇叭的声音是设计好的，排气管的声音模仿圆号，低沉而浑厚；喇叭声则是采用大三和弦的和声音效，丰富且立体。

伴随着集体劳动，产生了一种名为“劳动号子”的民间歌曲体裁，包括搬运号子、工程号子、农事号子、渔船号子等等。千百年来，我们的祖先唱着声声号子，踏过曲折的河岸，走过陡峭的山岩，唱出感天动地的劳动乐章。一声号子、一声呐喊、一路前行、一生希望。它们在有规则的劳动节奏中凝神聚力，创造奇迹，激荡着劳动者的铿锵力量，体现着和合之美，给予我们澎湃向上的力量。

（二）劳动所在美所在

劳动起源于手，体力劳动是劳动的最初面貌，世事变迁，今天被归入劳动之列的活动，早已远远超出体力的范围，向着技能型劳动、脑力劳动、综合劳动拓展，科学发现、技术发明、文艺创作、组织管理、市场营销等活动都被纳入其中，劳动产出也远远超出物品生产，而进入精神生产和服务提供的领域。

伴随劳动的拓展，美的概念也从狭窄的观赏领域，延展到几乎所有人类生产和生活领域。如酒店的餐桌摆放、外科器械的整齐排列，从中透露的是恰到好处的分寸之美；自动化无人码头装卸现场井然有序的操作过程，正是管理上秩序之美的体现；还有北京故宫、哈尔滨大剧院等大型建筑的恢宏气度；等等。今天在人类感官所及的一切方面，美都是不可或缺的元素，“按照美的规律塑造物体”真正成为一切劳动的共同特征。

故宫是世界上现存规模最大、保存最完整的古代皇宫木结构建筑群，布局统一整体、气势恢宏磅礴、空间变化丰富、装饰精美绝伦、色彩别具一格，集中展示了三朝五门、前朝后寝、中轴对称、左祖右社的建筑群整体规划之美，单体建筑纵横交错、形式多样、种类繁多、韵律井然的形式之美，以及红墙黄瓦、朱门金钉、雕梁画栋等流光溢彩的色彩构成之美。

图 1-1-8　故宫

哈尔滨大剧院坐落在松花江北岸，以环绕周围的湿地自然风光与北国冰封的特征为设计灵感，依水而建，采用了异型双曲面的外形设计，从远处看就像两座洁白的雪峰连接在一起，从湿地中破冰而出，同时又宛如飘动的绸带，成为北国延绵的白色地平线的一部分，成为哈尔滨的标志性建筑。

图 1-1-9　哈尔滨大剧院

$r=4\cos(et),\ -14\pi<t<14\pi$

图 1-1-10　数学"表白"公式

（三）艰深劳动简洁美

在人类创造或发现的美好事物中，数学以其简洁给人以特别的美感。看不见的思维在数学公式中被可视化。

如此美丽的图案，用数学来表示，只需要一个或一组公式。不过，这种数学之美可以通过感官来感受，更高级的数学公式则以别样之美，震慑人心。

以爱因斯坦的著名质量和能量等价定律公式（$E=mc^2$）为例。

m 是质量，在牛顿力学中，是一个标量和附加物理量，是惯性的度量。

c 是光速，是一个物理常数，一定条件下，它被认为是最大速度值。即：约 30 万千米 / 秒。

E 是能量，物质相互作用和运动的基本量度。

这个公式的问世代表了人类对宇宙物理前所未有的深刻认识，即便不考虑其科学价值，仅在形式上，就极其优美，它以最简洁的形式证明了牛顿力学中最重要的两个物理量，质量和能量的相互转换。如此复杂的理论和思考，用一个简洁的公式就表达得一清二楚。科学研究若要让世界变得简单，其成果的表达也应当是简洁的。数学作为最简洁的表达方式，表现出无以复加、难以企及的极简之美。

数学史上有一个更让数学家和数学爱好者着迷的恒等式——欧拉恒等式，它由瑞士数学家莱昂哈德·欧拉提出。高斯曾盛赞这个恒等式，认为每一名数学家都会一眼感受到它的魅力。

欧拉恒等式的神奇之处在于，它把数学中最基本的五个常数，以非常优美的形式结合了起来：

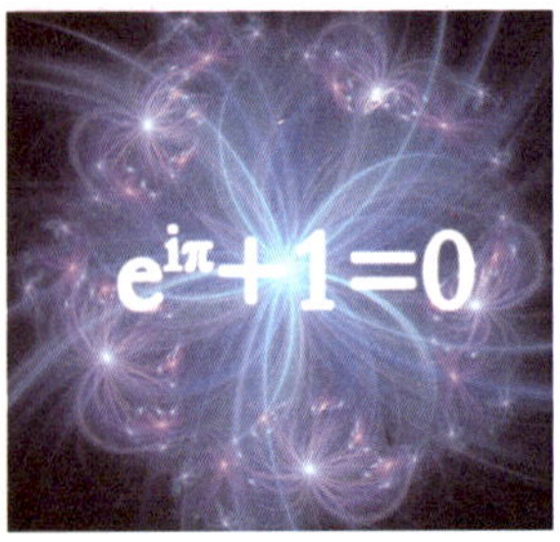

图 1-1-11　欧拉恒等式

e——自然对数的底，代表了大自然；

π——圆周率，代表了无限；

i——虚数单位，代表了想象；

1——数字一，代表了起点；

0——数字零，代表了终点；

乘法代表结合，指数代表加成，加法代表累计，等号代表统一。

欧拉恒等式给出的隐喻是：大自然充满无限想象，但是最终都会归于终点。

数学之美是理性之美的极限！

（四）生活中美的溢出

无止境地追求形式美，难免走向尴尬：美则美矣，是否值得？

当下，商品包装成为时尚。包装的本意是保护产品、方便储运、利于销售，但现在部分商品却表现出强烈的"喧宾夺主"态势，"买椟还珠"的寓言成为消费现实，凸显美感的包装甚至超过商品本身成为购买的决定性因素。

图 1-1-12　劳动产品包装之美

今天，过度包装是一种对自然不够友好的态度和行为，已经成为社会共识。包装物浪费了太多的资源，由此带来的垃圾泛滥，造成了环境污染，减少包装日益成为时代要求。然而，这一呼声的强烈而且持久，反而说明舍弃包装之不易：包装证明了美在劳动和劳动产品中是须臾不可或缺的存在，而随着环保意识日益增强，消费者对这种美又有了新的认识。

图 1-1-13　“荷花”菜品

不只是包装，食品中令人又爱又怕的艳丽色彩，就营养而言也许并无益处，但人类同样割舍不得。没有视觉上的美丽，食物不容易获得美味的称号，甚至难以引起人的食欲。中国饮食文化从来讲究“色香味俱全”。人们对食物的需求超越果腹后，就开始追求外观包括形态和色彩的美丽。于是，厨师精心制作每一款菜品，以色香味俱全来满足人们对美好生活的追求。

其实，让食物看起来更美，不只是职业厨师的劳动之果。随着生活水平的提高，人们在居家生活中，也会在食物的色彩造型上花费一番心思。

劳动产生美，每一位劳动者只要有机会，就会在职业允许的范围内，用自己的智慧和汗水，创造美的产品，提供美的服务。

劳动成果是美丽的，劳动是美丽的。

思与悟

劳动成果之美体现在哪些方面？你能发现和欣赏劳动成果之美吗？

二　心灵手巧，劳动技艺之美

中华民族是一个热爱劳动的民族，赞美一个人时，会用到很多同劳动有关的形容词，而且往往落在手的运用上，如手脚勤快、眼疾手快、身手矫捷，最生动传神的是心灵手巧，一个既动手，又动脑，手脑协调，相得益彰的灵巧模样跃然纸上。手和脑是人类最重要的劳动器官，手和脑协调运动的结果是美丽的，过程是美丽的，技艺更是美丽的。

劳动美丽，美在心灵手巧！

扫码观看微课视频

（一）手工制作，巧夺天工

手，是人体最灵巧的部位之一，也往往代表劳动最精微的部分。

不过，劳动中手势之美让旁观者常有目不暇接之感，无论单手还是双手，手指间配合天衣无缝，复杂操作瞬间便告完成，犹如变魔术。

图 1-2-1 纺织厂

中华人民共和国成立初期，一时百废待兴，由于工业基础薄弱，建设需要时间，提高机器生产效率成为增加工业产出、加快经济发展的重要策略，各行各业纷纷开展技术革新，涌现出许多全国知名的劳动模范。在事关民生、用工最多的纺织行业，一线纺织女工发挥主人翁精神，努力钻研技术，大大提高了生产效率。

纺织中一定会遇到断线，这时必须及时接上，且接头不能太大，否则会在布面上留下瑕疵，造成次布。心灵手巧的纺织女工发明了各种快速高效的巡回方式和打结动作。只见女工巡回在布机间，算好时间，一个纱锭即将走完前，换上新纱锭，一手捏住一个线头，手指一捻，棉纱已经连在一起，时间短，接头小。先进技术全面推广之后，提高了行业的生产效率和正品率。工人你追我赶，技术革新迭出，规模庞大的纺织行业成为劳动模范的摇篮。

竹编是传统民间手工艺，从制作到成品一般要经过分丝、起底、编织、锁扣四道工序。要制作不同大小形状的竹编作品，需要把竹片分成粗细不等的竹丝，这个过程对手上力道要求很高，力量不够，竹丝就会厚薄不均。有经验的篾匠用力适度，一拉到底，粗细如一，既快又匀。

起底和编织考验的是手指间协调的基本功。竹编的方法多达上百种，有四边编法、六边编法、八边编法、弧形编法等等。万变不离其宗，所有技法的根本就是经纬交织。在篾匠手中，一根根竹丝飞舞穿插，纵横交错，编出别致图案，极具韵律之美。

图 1-2-2 竹编作品

竹编不借助任何外来力量，完全靠竹丝之间的作用力交织缠绕而成，何时放经线、何时放纬线、经纬线交叉点在什么位置、编织成什么图案，篾匠心中有章法，手上有技法，只要心念不出错，动作不走样，竹编整体性不被打乱，美感自然就在其中。

编织最后也是最关键的一步是锁扣，一旦作品成型，竹丝的尾端需要插入预留的缝隙之中，不使外露，更不允许弹出，这个操作就叫锁扣。篾匠要用巧劲把竹丝的外端插入各个缝隙之中，只把光滑一面露在外面，穿插的角度、力道不能有丝毫的差错，最后的接口才能不露痕迹，整个作品才能浑然一体。

在机器越来越智能化和灵巧的今天，纯手工的劳动技法发挥作用的空间越来越小，非物质文化遗产的概念应运而生，得到广泛认可和接受。人类不但需要美丽的产品，还需要美丽的劳动。一些品牌强调手工，正体现出人们对手工劳动的偏爱和珍惜。

（二）工具助力，神乎其技

人类不是自然界中最强大的动物，而是最善于借助外部力量来弥补自己不足的物种。双臂折不断树木，就发明刀斧；手指无法穿透兽皮，就发明针锥；臂长不够，就发明弓箭；跑不快，就发明车轮；飞不起来，就发明飞机；如此等等。工具的发明将原本无法想象的劳动之美，一一呈现。

图 1-2-3　打铁工艺

打铁这种劳动，具有一种摄人心魄的美感。耀眼炉火的映衬下，壮硕的身板，飞舞的大锤，身形起落，钢花四溅，在风箱的呼呼伴奏下，叮当之声，不绝于耳，节奏鲜明，韵律生动，锻打者神情专注，旁观者目不暇接，好一曲劳动交响乐！

江西樟树市非物质文化遗产名录中有中药材炮制技艺，其代表性传承人丁社如，以62岁高龄，拿下中药切片技艺吉尼斯世界纪录：长仅一寸，宽度也就成年人拇指的白芍，被用铡刀切出360片，片片薄如蝉翼，轻如雪花，美不胜收。

白芍切得这么薄，不是单纯为了秀刀工，也有利于煎出有效成分。代代中药人通过不断改良工艺，只用一把铡刀，不但把白芍切成“蝉翼”，还让切下的片型完整美观。如此手艺被列入非物质文化遗产名录，实至名归。

图 1-2-4　丁社如的中药材炮制技艺

拓展阅读

青瓷泰斗为小学生表演“跳刀”绝技

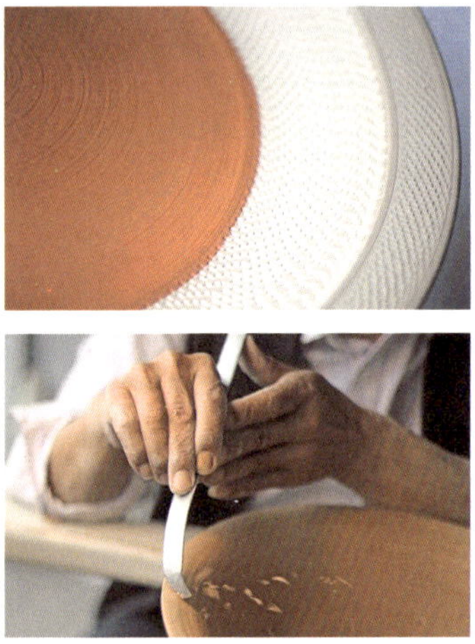

图 1-2-5 “跳刀”技艺

中国工艺美术大师、宁波市首批文艺大师徐朝兴专程赶到学校，为百余名小学生现场表演“跳刀”绝技。

随着坯体的高速旋转，他聚精会神地抖动着特殊的刀具，瞬间就刻下数万条波线或印痕，并以“剐”“刻”“拉”等技法，将千“线”万“点”通过特殊的排列与组合刻在坯体上，形成效果奇特的水波、几何或多维图形。“抖”出的斜纹既整齐又美观，充满了手工的柔韧之美。

第一次见到“绝技”的师生们无不称奇，都屏住呼吸、瞪大眼睛看得津津有味。徐朝兴的这一高超手法也被青瓷界誉为“千刀万剐”“抖”出青瓷珍品。

（来源：学习强国，2020-09-28，有删改。）

（三）掌控机器，举重若轻

如果说工具的用途是便利人类劳动，那么机器本质上是用来代替人类劳动的，工具不会做动作，而没有动作的机器几乎等于废铁。不过除非全自动，否则机器再好，还得依靠人来掌控，才能发挥最大效能。

拓展阅读

大国工匠 | 手上绝活 他们诠释什么技能才能被称作“手艺”（节选）

在航天科技集团九院的车间里，铣工李峰正在工作，尽管此刻属于加班加点赶工，但他的每一个动作依然是从容不迫的。李峰加工的部件是火箭“惯组”中的加速度计。如果说“惯组”是长征七号的重中之重，那么，加速度计就是“惯组”的重中之重。

图 1-2-6 李峰和他的磨制刀具

“惯导”器件中每减少 1 微米的变形，就能缩小火箭在太空中几千米的轨道误差。1 微米大约是头发丝直径的七十分之一，那是目前人类机械加工技术都难以达到的精度。

在高倍显微镜下手工精磨刀具是李峰的绝活。李峰磨制刀具时心细如发，探手轻柔，这时他所有的功力都汇聚在手上。看李峰借助 200 倍的放大镜手工磨刀才会让人明白，为什么在中文里工匠的技能被称为“手艺”。

磨刀具的李峰，就用他那一双看似慢条斯理却又精巧灵动的手，一面拨轮，一面按刀，以无穷的耐心磨下去，与金刚石同等硬度的刀具逐渐呈现出所需要的锐度和角度，这是真正的以柔克刚。

（来源：央广网，有删改。访问日期：2022-03-25。）

中央电视台有个栏目叫“行行出状元”，不同行业的技术高手操作各种机器，完成各种匪夷所思的任务，如用塔吊垒玻璃杯，用大铲车开启啤酒瓶盖。在高手的操作下，巨兽般的机器钢铁构件如同手指一般灵巧精准、拿捏得当。钢铁与人体、粗犷与精细形成巨大反差，其壮美程度给人强烈震撼。

机器让劳动如虎添翼，劳动让机器尽显妩媚！

（四）智能机器，精准高效

机器是人类创造出来以代替自己劳动的工具，最高级的机器是在最大程度上复制或再现人手功能的机械手。人类手指的灵巧，拿捏之间的分寸，手指间的协调，至今仍是一切机器效仿的对象。要让机器达到像人手一样灵巧，需要人将自己的动作分解成一个个简单动作，并通过机械、电气来实现，这个过程远比人手看似随意的动作复杂和艰难。可以说，机器用简单动作叠加来完成复杂过程的背后，是人们巨大的脑力劳动。

复杂的机器劳动以模式化、智能化、精准化为特点，可以帮助我们更高效地完成劳动任务，其劳动过程中的整齐划一，精准灵巧，让劳动技艺之美呈现出新的高度。工业机器人就是集智能、灵巧与美感于一体的最佳代表。一个简单的机械手在加工物表面划过，一个定位，一圈游走，一个翻转，加工之旅正式开始。随着机械手在模具不同部位游动，或轻轻接触，画出规矩的几何图案；或深入蚀刻，让模具表面呈现出规则的沟壑；或一个翻转，准确定位到下一个工作部位。当观看者还没来得及猜想将要发生的改变时，一件精致的成品就这样呈现在了眼前，其把握之精准，动作之流畅，令人啧啧称奇！

在一段视频里，一台五轴数控机床，按照输入的指令，自如运转，将一块不锈钢雕琢成一座同比例缩小的埃菲尔铁塔。铁塔整体有弧度，部位有粗细，有凹凸，有镂空，只见机器自动选择不同刀具，自动调整加工角度，自动进退摆动，一会儿，一具埃菲尔铁塔的模型就惟妙惟肖地展现在面前了。整个过程没看见人，但足以想象设计和制造五轴数控机床的工程师、技术员、装配工、操作工乃至维修工的存在。机器完成的工作越复杂，背后劳动者的智力付出越惊人。人们欣赏机器雕琢而成的精美模型，欣赏机器运行的优美姿态，根本上是在欣赏人创造这台机器的完美劳动！

（五）机器原理，无形之形

现在越来越多的机器被称为“傻瓜机”，其实这个“傻瓜”说的不是机器，而是使用机器的操作者。要让操作者变“傻”，只能让机器变得更“聪明”。机器的“聪明”来自人类的巧思。虽然机器能够做出令人难以想象的复杂动作，但赋予机器以这种能力的是人。这个动作构想过程，机器无法自主实现，只能由人来完成。在复杂劳动中，思考一点儿不比操作容易，想到了，未必能做到，但没想到，几乎一定是做不到的。每一个劳动技艺背后都有一套成熟精巧的设计原理，这个原理就是人类的智慧发现。劳动技艺之美，更美在设计原理。原理之美虽然无法直接看到，但劳动的过程中处处都能感受到。生活中，一个个看似简单的作品，都是劳动者们思考和智慧的结晶。当这些作品原理的思考过程呈现在眼前时，令人惊叹的不仅仅是劳动成果的美丽，更有创造这一切的人类智慧！

比如，汽车发动机，汽缸的数量越多，发动机的效率就越高。但是盲目增加汽缸数量会让汽车自重过大，故障频出。因此，工程师设计出 L 型直列、V 型排列、W 型排列、水平对置等排列方式，针对不同使用场景，力求发动机在数量和效率上达到最佳配比。

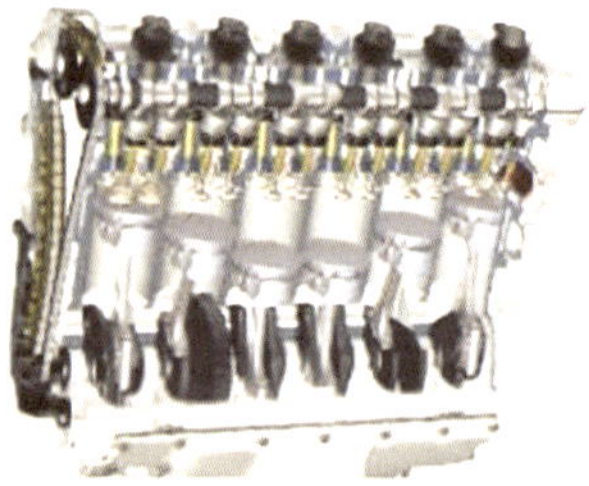

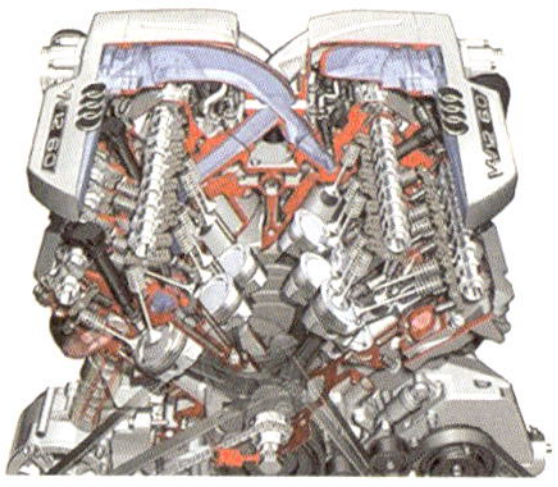

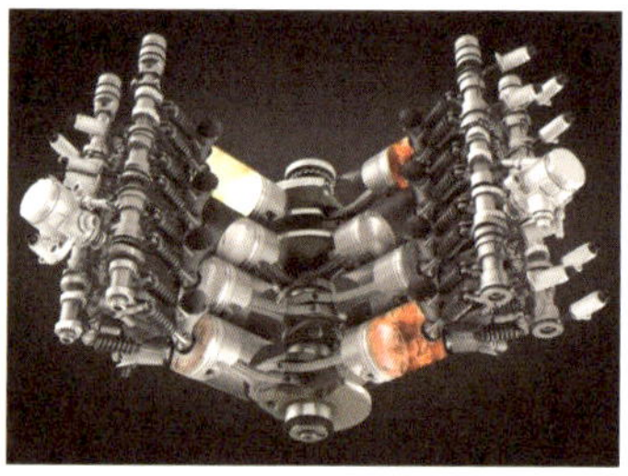

图 1-2-7 不同发动机汽缸排列方式

在每一种排列中，对每一台汽缸的角度都进行了精心设计，确保工作的稳定性；对汽缸的数量反复论证，确保效率最大化；每一个空间都精密计算，确保体积与外观的完美搭配。

再如，现在很多相机都加入了 AI 模式，利用算法可以一键拍出完美照片。人工智能通过选择最合适的相机参数和构图方法，能够自动识别拍照场景，而所用到的参数都来源于工程师提供的海量数据模拟。每一次按下快门的瞬间，后台数据都会按照设计好的参数依次输入各个硬件，引发井然有序的精确动作，在这一系列精准到位的动作背后，是工程师们的辛勤智慧和汗水。

脑力劳动看不见，摸不着，但机器动作所体现的原理，足以让脑力劳动之美可视化。

（六）学好技艺，增光添彩

劳动如此之美，但消费者在使用产品，享受服务时，在意的往往只是产品的功能和用途，很少知道产品制造的细节，也很少知道服务过程的精巧。唯有亲身参与其中，才能领略劳动的过程之美、技艺之美。

图 1-2-8 园艺技术专业学生

图 1-2-9 艺术设计专业学生

在现代社会，劳动表现出明显的分化趋势。一方面，体力劳动包括手的劳动总体上趋于简化，甚至越来越多地被机器取代；另一方面，高技能手工劳动具有越来越高的价值，完全不是机器所能代替得了的。由此带来的社会效应是，技能型劳动能力的获得成为一个专门过程：无论在技能掌握，还是知识习得上，只有通过专业学习，才能进入职场，职业教育的重要性前所未有地凸显出来。

在职业教育范围内，无论知识教育还是技能教育，无论学校教育还是校外教育（包括家庭和社会教育），其目标都是让受教育者获得全面发展，通过劳动过程实现自我、贡献国家、服务社会。接受教育不只是学习如何生产产品或提供服务，还要学习如何让产品和服务表现出美感，让生产产品或提供服务的过程展现出美感。工厂成为旅游观光场所，手工制作视频吸引无数粉丝，都足以证明，经过职业人无数次打磨的技艺是美的，是值得观赏的！

思与悟

你的身边有哪些劳动技艺之美？

扫码观看微课视频

三　齐心协力，劳动场景之美

在自然界，美的来源多种多样，规模或体量也是美感的来源之一。在人类社会，集体劳动场景同样给人以强烈的美感，与自然景观相映成趣。

（一）集体劳动，宏伟壮观

图 1-3-1　千军万马战太行

鱼群洄游、候鸟迁徙的景象令人赞叹，而集中了大量人口的劳动、劳动成果和劳动场景，同样以巨大的体量摄人魂魄，令人过目不忘。

20 世纪 60 年代，林县组织了修渠大军，浩浩荡荡地从四面八方开进太行山，数以万计的劳动者用独轮车把修渠用的水泥、石料源源不断地送往工地。经过数十万劳动人民持续十年的苦战，终于在太行山悬崖峭壁上建成了红旗渠。

同样壮美的劳动场景也出现在了火神山和雷神山医院的施工现场，超过 1900 万的网友，通过直播“云监工”这两所医院的加急建设现场。施工现场工人们操作着忙碌不停的叉车、吊塔、挖土机，共同演奏出劳动交响曲的壮美乐章。

此外，蜿蜒在群山之中的万里长城、秦始皇兵马俑的陈列、大型生产流水线、物流分拣现场等都呈现出劳动的壮观之美。

劳动场景美在宏伟壮观！

从人类诞生起，劳动的基本单元是个人，无论手的动作，还是脑的思考，都只能发生在个人身上。然而，只要劳动局限于个人，就既无法造就今天的世界，也无法造就今天的人类。因为个人力量有限、生命有限，个体劳动能够取得的成效有限，能够达到的技能水平也有限，所以超越个体劳动，进入集体劳动，是劳动本身的要

图 1-3-2　移山造海

求，也是人类进化的要求。

人类集体活动不是许多人简单地重复同一件事情。综观人类劳动的发展史，集体劳动既表现为不同劳动者在同一个时间点上，通过分工合作，一起完成任务的状态，也表现为不同劳动者跨越时代，在同一种劳动技能上不断探索、提升、传承和再创新的过程。

今天任何一个劳动者所从事的劳动，都是在前人积累的劳动技能和劳动条件基础上，于无数人相互合作的环境下进行的，所有劳动成果即便独立完成也都是集体的成果。

劳动场景之美，美在劳动的集体性。

（二）社会分工，井然有序

在人类生活中，分工与合作无处不在。小到家庭内部，大到整个社会，分工合作在各个层面和场合有条不紊地进行着。

在一些复杂的劳动场合，分工明确精准，合作严格到位。一个形象生动的例子就是航空母舰上身穿不同色彩工作服的军人，他们按照明确的分工职责，严丝合缝地完成自己的职责。“彩色马甲军团”之间的分工合作，让这个庞然大物灵巧活动，有效发挥作战平台的作用。色彩，是这个分工体系中各工作岗位职责的可视化，也是分工本身的可视化。

拓展阅读

航母甲板上的“彩色马甲军团”

航母发挥战力靠舰载机，舰载机的战力靠地勤保障。航母甲板被称为“世界上最危险的4.5英亩”。在辽宁舰的“4.5英亩”上，身着不同颜色马甲的工作人员，不仅将冰冷的航母甲板点缀得生机盎然，更凸显出每一名成员的战位和职责。“航母Style”曾风靡一时，那个在歼-15舰载机滑跃起飞前发出“走你”姿势的，正是航母上的指挥类战位“黄马甲”；“红马甲”是危险和安全管控战位；“蓝马甲”主要负责吊运和供气保障，也就是开展飞机的航空维护；“绿马甲”主要负责起降和飞机维修；“白马甲”主要是安全、医务、政工和临时上舰人员；“棕马甲”是机务，主要负责维护飞机；“紫马甲”主要负责燃油补给。

（来源：搜狐网，有删改。访问日期：2022-03-25。）

随着经济发展，人们的消费需求越来越多样化，带来了同类产品的多样化和生产同类商品的企业的多样化。一个大型超市里的成千上万种商品，分别由众多企业生产，没有一家企业生产的产品足以满足一个人所有的需要。即便是同一种商品，不同人也有不同的需求。以牙膏为例，按适用年龄可分为幼儿、儿童和成人牙膏；按口味有薄荷、海盐、绿茶等；按规格又有小包装、中包装和加量装等区别。产品分类越细，就需要越多的企业、越多的生产线。随之而来的是工种的分化，专业的分化，还有职业的分化。

（三）劳动交换，理性高效

不断细化的分工意味着每个劳动者只从事某种专门的生产活动，无法依靠自己生产的成果维系生存，而必须与生产不同成果的劳动者进行产品交换，才能满足各自需要。交换是分工普遍化后必然提出的要求。

在传统小农经济条件下，家庭内部也有分工，性别不仅反映了人口繁衍意义上的自然分工，也以“男耕女织”的形式反映了家庭生存意义上的劳动分工。种粮食和做衣服代表了人类两种基本需要——营养和御寒。这两种基本需要分别由不同性别的生产者来满足。双方以共享的形式，实现了隐性的交换。否则，任何一方不是饥，即是寒，生活不美满，生命亦堪忧。

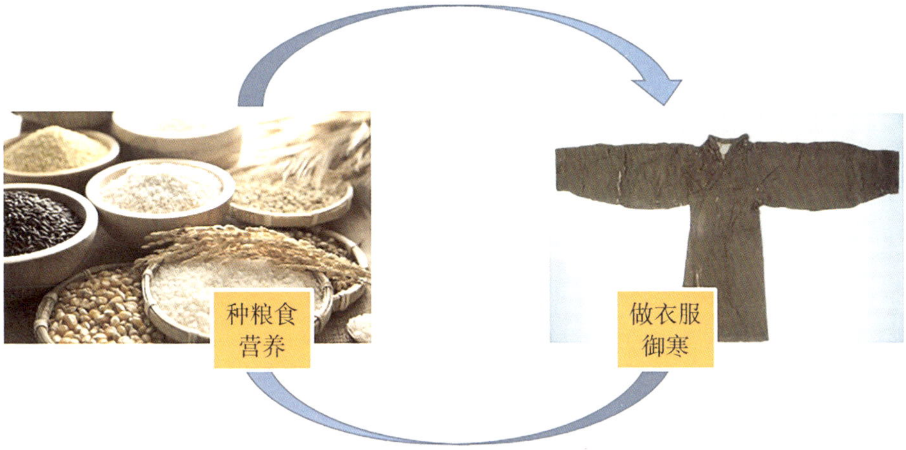

图 1-3-3 传统小农经济条件下的分工与交换

发生在家庭内部的产品交换可以模糊一点，一家人一般不会彼此计较得与失、多与寡。但在整个社会中，不同劳动的承担者相互交换产品或服务时，必须考虑劳动成果的价值。因为个体都追求利益的最大化，会对用作交换的物品进行精确比价，在同时存在许多生产者并广泛发生交换的情况下，多少粮食换多少衣料，不是任何人可以独自决定的，需要得到大家认可，否则交换将难以实现，即便实现了也会挫伤劳动者的生产积极性。劳动的价值由此凸显出来。

由于每个人劳动能力不同，所提供的产品或服务的数量和质量不同，大规模的交换必定带来竞争，谁提供的产品多而且好，谁交换来的产品也多而且好。

竞争带来效率，同样时间内生产物品或提供服务最多、最好的人，往往赢得最大的市场份额。于是，提高劳动本领、增加个人产出成为必要和必然。既然一个人专注于从事某项劳动，有利于增强能力、提高产量和质量，那么，伴随而来的就是分工走向职业化，劳动技能也必然随之走向专业化。

（四）技艺传承，匠心凝聚

每当看见一项古老手艺，历经千年，在传人的手里依然可以制作出令人赏心悦目的作品时，让我们动心的不只是作品与技艺，更有技艺传承所体现的时间之美。

职业化和专业化要求劳动技能不断优化，世代传承是人类进步、劳动进化的必由之路。在不同的时间点，许多人先后完成同样的劳动，进而推动生产发展、技能积累和劳动本身的进化。在历史长河中，无数劳动者像接力一般，代代传承，让特殊的技能更加精湛，成为人类宝贵的非物质文化遗产。

拓展阅读

艾德莱斯绸：在传承中焕发生机

艾德莱斯绸是新疆地区特有的传统手工艺制品，常绽放在当地女性的衣衫、裙摆，至今已延续3000多年，被誉为“穿在身上的历史”。吐尔艾力是和田市吉亚乡艾德莱斯绸第八代传承人，他的技艺传自父亲麦苏木·艾拜都拉。

“传统的丝绸手工制作需要煮茧、抽丝、扎染、手工织绸等工序，全由一个人完成，一个月才能做成一件衣料。”吐尔艾力介绍说。如今，制作艾德莱斯绸依然采用传统的手工抽丝、染丝，但现在有纺织机，可以更快地生产，而且每道工序有专人负责，效率很高。

虽然别家已经广泛使用纺织机，但从公司1997年成立以来，吐尔艾力一直坚守着古老的手工编织艾德莱斯绸的技艺，纯手工制作带动了近百人就业。

2008年，传统的艾德莱斯绸制作工艺入选国家级非物质文化遗产名录，这更加坚定了吐尔艾力坚守传统的决心。但如何让传统工艺与现代接轨，成了吐尔艾力的心头大事。

“虽然我们在工艺上要坚守传统，但是在图案、配色、销售方式以及公司的运营模式上必须紧跟时代步伐。”吐尔艾力说。

不断更新和设计新的图案、收集和学习更多天然染料的制作、通过“互联网＋旅游”增加销量等做法，让吐尔艾力创办的公司生产的艾德莱斯绸成了乡里的一张“名片”。

如今，该公司已经成为当地最大的艾德莱斯绸生产基地。“2019年初到现在，我们接待游客1万多人次，国内外的都有，他们都喜欢手工制作的产品。目前我们准备根据客户的要求定制艾德莱斯绸的图案和花色，让更多的游客享有定制版艾德莱斯绸。”吐尔艾力说。

不仅如此，吐尔艾力还在艾德莱斯绸产品呈现形式上下了大功夫。以前织出的艾德莱斯绸就是一块绸子，顾客各自买回去做成连衣裙穿，但是该公司近两年设计创作了很多衍生产品，如领带、钱包、遮阳帽、手提包、背包、抱枕等。

（来源：《新疆日报》，2019-10-17，有删改。）

（五）学好专业，决胜职场

职业学习就是传承劳动、传承美。劳动传承离不开学习，学习少不了语言。

借助语言，通过教育和学习，劳动的知识、技能和经验得以传递给下一代，实现迭代，这是人类最重要的发明之一。

对于劳动而言，手和脑固然重要，但离开了语言，仅凭手和脑也是不行的。恩格斯说：“语言是从劳动当中并和劳动一起产生出来的。”语言作为沟通手段，让劳动的经验得以固化，让技艺通过交流得到传承，在传承中得到提高。

劳动的职业化，必然要求学习的专业化。随着劳动的要求越来越高，教育和学习发展也日益专业化，体系越来越庞大、结构越来越复杂。劳动场景的壮美不只出现于制造领域，同样出现在教育领域。今天，中国各类教育得到蓬勃发展，尤其是高等职业教育，在中国经济转型、产业升级的重要节点上，凸显出重要性，正获得越来越大的发展势头，成为人们走向职场、融入劳动的重要场所。推动劳动者走向专业化与职业化，是高职教育存在的重要意义。巨大的社会需要正召唤着更多年轻人通过高等职业教育成长为具有明确的劳动意识，掌握劳动技能，拥有劳动成果，享受劳动乐趣的专门人才。2021 年 4 月，习近平总书记对职业教育工作做出重要指示，强调在全面建设社会主义现代化国家新征程中，职业教育前途广阔、大有可为。在高职教育这片充满希望的沃土上，越来越多的青年学子借助职业学习感受美、实践美、传承美。

图 1-3-4　数控加工实训车间的劳动场景

图 1-3-5　数控维修实训室的劳动场景

从空间维度上看，高职教育把装修精美的实训室交给学生，让这里灯火通明，让这里成为高职学子淬炼强大技能的试验场、技术生成的原动基地，让这里终年上演着职业学习带来的场景之美。此外，高水平钳工的“丝度之美”，大师级喷漆人员的“层次之美”，烹饪大师的“花式之美”等不同形式的美绽放在职业学习中。高职教师囊括众多技艺大师，为高职学子认识美、感知美创造了充分条件。再从时间维度上看，劳动技艺与精神的传承离不开传帮带，老师教学生、学长带学弟等模式让劳动场景之美生生不息。

职业教育本身就是一种美的教育，工具和技术本身是美存在的形态。高职学子在感受美、实践美、传承美的职业学习中，定能创造出属于自己的美，亦能在未来职场占有一席之地！

思与悟

在壮美的劳动场景中，你的位置在哪里？

扫码观看微课视频

四 神采飞扬，劳动精神之美

劳动是人类最强大的物质力量，也是最强大的精神力量。

劳动是人类改造世界的过程，也是塑造、完善和提升自己的过程。

劳动者是劳动的承载者，是劳动精神的体现者，也是劳动之美的实现者。

劳动精神之美，神采飞扬！

（一）觉悟之美

有一首歌曲曾经传唱大江南北，形象生动地展现了劳动者的神采。这首歌就是《咱们工人有力量》。

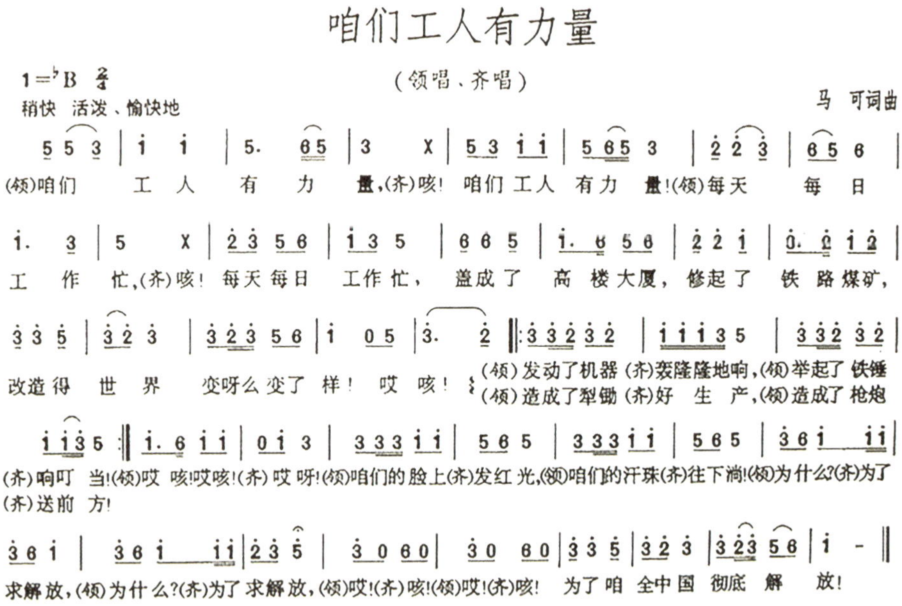

图 1-4-1 《咱们工人有力量》曲谱

图 1-4-2 钢铁工人

图 1-4-3 车间起重工人

这首歌以简单粗犷的旋律，朴素豪迈的歌词，形象生动地展示了新民主主义革命期间工人阶级的志向和情感。透过雄壮的歌声，人们不难想象登上历史舞台不久的中国工人，何等意气风发、斗志昂扬！

这样的精神风貌源自胸怀“解放全中国”的远大目标，源自深知劳动的意义和价值，源自对新兴工业在改造社会、建设国家中的巨大作用的信心，更源自对现代产业工人所承担的改变世界、推动历史前进的使命的觉悟。

劳动者之美，美在自觉！

（二）信心之美

劳动与自然直接相关，劳动不是向自然乞讨或者索求，而是人类用自己的努力，打开自然财富的大门。人类付出，自然回报，耕耘总有收获，这不仅是一个物质生产过程，也是一种精神状态：劳动者坚信以自己的力量，能够改造自然。取得预期回报，享受劳动成果，是劳动得以世世代代进行下去的内在动力。

2018 年开始，国务院将每年农历秋分设为“中国农民丰收节”，这是亿万农民庆祝丰收、享受劳动成果的节日。收获属于劳动者。

图 1-4-4　中国农民丰收节

新时代的劳动者充满信心地走进田间，走进工厂，走进工地，走进实验室，走进互联网，走上一切制造、服务、管理和研究的劳动岗位。耕耘既已完成，收获就在面前，劳动者笑得灿烂，笑得踏实，笑得舒坦，笑得自然。

图 1-4-5　全国劳动模范黄宝妹

图 1-4-6　全国先进工作者张筱凤

劳动者之美，美在自信。

（三）进取之美

劳动是人类对自然障碍的克服，犹如行走时上坡，不奋力攀登，就不能登上山顶。不经历付出的风雨，何来收获的彩虹？

20 世纪 80 年代初，六位饱受风沙之苦的老汉，为了保卫自己的家园，毅然走进风沙咆哮、天地不分的甘肃省古浪县的腾格里沙漠植树造林。38 年来，六位老汉和他们的子孙共三代人接续治沙，用“愚公”式的坚守换来了“沙漠奇迹”！

拓展阅读

用愚公精神创造生命奇迹

矢志不渝 第一代治沙人

38年前的八步沙，风沙漫天，沙进田无。面对日益严峻的生存危机，郭朝明、贺发林、石满、罗元奎、程海、张润元六人组建了八步沙集体林场，承包治理了7.5万亩流沙。那一年，郭朝明年纪最大，有61岁，而最小的张润元也已年近五旬。

六老汉用十年的时间，征服了曾经以每年7.5米的速度向南推移的八步沙，4万多亩沙丘披上绿装，周围7800亩土地和4个村镇得到了保护。

薪火相传 第二代治沙人

六老汉曾约定：不论多苦多累，六家必须要有一个继承人，把八步沙管下去。为了完成父辈遗愿，郭老汉的儿子郭万刚、贺老汉的儿子贺忠祥、石老汉的儿子石银山、罗老汉的儿子罗兴全、程老汉的儿子程生学、张老汉的女婿王志鹏，接过了治沙接力棒，成为八步沙的第二代治沙人。

在第二代治沙人的努力下，2003年，7.5万亩八步沙的治理任务完成。如今的八步沙形成一条南北长10千米，东西宽8千米，林草良好的防风固沙绿色屏障。

第三代治沙人

郭朝明的孙子郭玺也是林场的一员，他和林场的一群大学生参与到防沙治沙的事业中，成为八步沙第三代治沙人。从六老汉时代的一棵树，一把草，压住沙子防风掏，到现在的打草方格、细水滴灌、地膜覆盖等，第三代治沙人的治沙方式，在父辈的基础上不断创新。

多年来，八步沙三代“愚公”已经累计完成治沙造林21.7万亩，管护封沙育林草37.6万亩，八步沙林场发展为古浪唯一一家由农民联户组建的生态公益性林场，也成为甘肃省农民联户承包治沙造林的典型之一。

2019年9月25日，八步沙林场“六老汉”三代人治沙造林先进群体获得“最美奋斗者”集体称号。

（来源:《光明日报》，2019-03-29，有删改。）

图 1-4-7　甘肃古浪县八步沙第二代治沙人用稻草压沙

遵循自然规律，构建人与自然的和谐关系，开创生态文明的新纪元，放眼扩张的沙漠成为绿色家园，劳动者豪情满怀。

劳动者之美，美在进取！

（四）弘毅之美

“天行健，君子以自强不息。”要克服自然障碍，先要克服自身惰性，不图安逸，杜绝懒散，坚持不懈，才有成就。

金华职业技术学院软件专业的赵烽鸣同学和他的团队，积极参加国家级比赛，集训期间，团队采用“896”的学习打卡制度，即早上 8 点进入学习空间直至晚上 9 点，一周学习 6 天。对于大多数同学来说，要经历这样的“896”难以想象，但赵烽鸣和他的同伴们却一丝不苟地坚持了整整一年，雷打不动，风雨无阻。功夫不负有心人。最终，凭借毅力和钻劲，他和同伴们一起捧起全国职业院校技能大赛一等奖的奖杯。

图 1-4-8　赵烽鸣和他的同学

图 1-4-9　赵烽鸣和同学获得一等奖

劳动是人类潜力释放的重要途径，只有不辞辛劳，执着坚韧，自我约束，自我鞭策，才能发现自我，实现自我。

劳动者之美，美在坚持！

（五）勇敢之美

劳动者要战胜自己，更要挑战未知，而挑战未知是一项不确定性事业，只有不畏风险，勇于探索，才能在创新的道路上持之以恒，一往无前。为中国火箭焊接心脏的“大国工匠”高凤林，业务水平过硬，肯钻研爱挑战，22 岁时即以一项大胆创新填补了我国热处理工业空白。高凤林在职业生涯中碰到过许多“疑难杂症”，在多年的工作中，高凤林可谓创新突破不断，将无数次“不可能”变为“可能”。

创新成功固然可喜，但不以成败为念，永远走在求索的道路上，发现问题，找到原因，提出设想，反复试验，不惜推倒重来，直至成功，专注创新，无惧困难，笑对失败，乐在其中，挑战自我，战胜自我的精神更加可贵。

劳动者最美，美在果敢！

人物事迹

高凤林：让世界震惊的“大国工匠”

图 1-4-10 “大国工匠”高凤林

2014 年，在德国纽伦堡国际发明展上，一名来自中国的技术工人同时获得三项金奖。他就是中国航天科技集团公司一院首都航天机械公司的高凤林。

高凤林，央视“大国工匠”节目播出的第一人；我国长征三号甲系列运载火箭、长征五号运载火箭的氢氧发动机喷管，都诞生在他的手中。37 年来，他攻克了航天焊接 200 多项难关，先后为 90 多枚火箭焊接过“心脏”，占我国火箭发射总数近四成。

20 世纪 90 年代，为“长三甲”系列运载火箭设计的新型大推力氢氧发动机，其大喷管的焊接一度成为研制瓶颈。火箭大喷管延伸段由 248 根壁厚只有 0.33 毫米的细方管组成，全部焊缝长达 900 米，焊枪多停留 0.1 秒就有可能把管子烧穿或者焊漏。在首台大喷管的焊接中，高凤林昼夜奋战一个多月，攻克了烧穿和焊漏两大难关，焊接出第一台大喷管。

但随后的 X 射线检测却显示，大喷管的焊缝有 200 多处裂纹。高凤林从材料的性能、大喷管结构特点等展开分析，最终判断：裂纹是假的。经过剖切试验，在 200 倍的显微镜下，所谓的“裂纹”确实只是假象。就此，第一台大喷管被成功送上试车台，我国火箭的运载能力也从此得到大幅提升。

（来源:《北京青年报》，2018-01-07，有删改。）

（六）极致之美

劳动者追求完美，追求极致，永远没有尽头，好上加好，精益求精，只要有一丝改进可能，便要全身心投入。周立言生长在一个教师世家，家族三代出过十几位教师，父母也都从事教育行业，外公还曾是一所小学的创办人。2013 年，她创立了“荷言旗袍”，她是设计师、裁缝，也是刺绣技艺工人。为了追求完美，她会根据造型的需要把一根原来比头发还要细的绣线再劈成 16 份、32 份甚至 64 份。2015 年，她为米兰世博会打造了 20 件高端苏绣旗袍，作品一经亮相，便惊艳世人。一声声赞叹的背后，是她和团队数年来对刺绣工艺的潜心研究和为一件作品花费的上百个小时的精心制作。

劳动者之美，美在自胜。

（七）奉献之美

劳动是个人的，也是集体的，劳动是为自己的，也是为他人的，舍小我，为大我，劳动者内心最美。2020 年年初疫情暴发，整个城市的正常生活被暂时打破。值此之际，人如其名的快递小哥汪勇，勇敢地投入抗疫的战场，他自告奋勇，承担起后勤供应的职责。从保障医护人员日常出行，到为金银潭医院医护人员送餐，再到给医护人员修眼镜、买拖鞋，只要医护人员有需要，汪勇都能“变”出来。同事们惊讶地发现，原来汪勇骨子里充溢着统筹、协调、指挥的特质。在中央的统一领导下，在全国各地的支持下，在武汉市民的努力下，城市度过了最危险的时期。汪勇因突出贡献先后荣获国家邮政局“最美快递员”特别奖、第 24 届“中国青年五四奖章”、联合国“全球青年抗疫榜样”等荣誉，还被所在企业提拔为区域经理。

劳动者之美，美在奉献。

人，不能少了精气神，有精气神的劳动者最美丽，劳动者展现的精神最美丽！

思与悟

劳动者展现的精神最美丽，用发现的眼光去搜寻你身边的最美劳动者，谈谈他们身上打动你的劳动精神有哪些。

五 出神入化，劳动境界之美

“我将无我，不负人民。”

习近平总书记在访问意大利期间，于 2019 年 3 月 22 日下午同意大利众议长菲科举行会见。菲科问道：“您当选中国国家主席的时候，是一种什么样的心情？”

习近平总书记回答说：“这么大一个国家，责任非常重、工作非常艰巨。我将无我，不负人民。我愿意做到一个‘无我’的状态，为中国的发展奉献自己。”[①]

扫码观看微课视频

“我将无我”既是主席的觉悟，也是劳动者的境界。

劳动最美丽，劳动境界最美丽，最美的境界是无我！

（一）美在自主

劳动是美丽的，但在现实生活中，与“劳动”相联系的词语中确实有不少和人的负面感受相关，从疲劳、辛劳、劳累、劳苦到劳役，不一而足。人在劳动中的处境，人对劳动的态度，人在劳动时的境界，决定了人在劳动中获得的感受。

在好逸恶劳的人那里，劳动是让人避之唯恐不及的折磨，只要有 1% 的可能，就会想出 99% 的办法来逃避，哪怕为此付出比劳动更多的心思和努力。在出于无奈而从事劳动的人那里，劳动的美丽是无法想象的。

在被强迫劳动的人那里，劳动代表压迫，只要有机会，就会设法逃离劳动。他们逃离的不是劳动本身，而是劳动背后的不自由。在人类历史上，奴隶劳动具有强迫的性质，劳动者感受不到劳动的乐趣，也不可能体验劳动的美丽，一有机会，奴隶就会逃离，这很自然。

① 来源：人民网。访问日期：2022-03-25。

图 1-5-1　买卖奴隶

在自主劳动的人那里，劳动代表自由，劳动者可以选择劳动形态、劳动内容和劳动方式，享受劳动带来的快乐，体验劳动的美丽。

课堂案例

“刮腻子”的“95 后”女孩

图 1-5-2　张丽佳的壁画创作

“95 后”壁画师张丽佳自称是“刮腻子”的，她能在尘土飞扬的工地上轻松攀爬几米高的铁架子，抄起带着腻子粉的刮刀在白墙上巧手一挥，让凹凸不平的腻子变成生动的浮雕山水。

刮腻子、高架上作画、睡工地是她的日常。说起来，佳佳的工作环境实在算不上好，多数是装修中的工地、公寓客厅、办公大楼、社区文化墙、游乐园等，有时候建筑工地里常常只有她一个女孩，一个不注意，颜料就会结成硬块黏在自己的头发上，有时候凌晨两点才画完，刚从架子上下来，人就累瘫在冰凉的地板上睡着了。虽然辛苦，可是画画的时候是她最开心的时候，只要一拿起画笔，想到自己把一面一无所有的白墙，涂上颜料，从无到有，创作成了旭日东升，小桥流水，悠然人家的一幅幅艺术作品，佳佳的心里就美滋滋的，充满了成就感和自豪感。

（来源：京报网，有删改。访问日期：2022-03-25。）

【案例评析】在这样的劳动里，或许姿态没那么好看，动作没那么优雅，衣着不那么整洁，但是能从事自己喜欢的劳动，凭借自己的双手化腐朽为神奇的样子，真的很美！不仅如此，她的劳动还引起了人们驻足观赏，成为别人眼中一道亮丽的风景线，让大家感受到生活的美好！

（二）美在意义

人类进入自由王国之前，在劳动领域内很难有完全的自主自由，绝大多数人首先考虑的还是以劳动谋取生计，不一定出于对某项工作的喜爱，只是为了生存，而不得不自我克制，接受劳动。即便如此，劳动也可能因为具有附加意义，影响劳动者对劳动的情感。劳动因这样的意义而变得美丽。

例如，一位普通的务工人员通过努力工作，让子女获得了食物，弟弟妹妹拿到了学费，父母得到了医疗，每到发薪日，点数工资时，欣慰油然而生。劳动固然辛苦，但因为履行了自己的责任，仍是美的。

在具有更远大目标的人那里，劳动可能更加艰苦，谈不上享受。但一想到只有通过劳动，才能推进伟大事业，再艰苦也能甘之如饴。理想引导下的劳动是世间最美好的事情！

在中国人的词典里，“刻苦”往往既有痛苦的含义，也有超越痛苦的意蕴。凡是能让人刻苦坚持的事情，必有超出艰苦的意义。无论是为了企业的发展延续，为了国家的繁荣富强，为了中华民族的伟大复兴，还是为了人类的文明进步，心胸宽广的劳动者深知劳动的意义，在克服种种障碍、一步步实现目标的过程中，发自内心地感受着劳动的美丽。

“七一勋章”获得者张桂梅有一句话感动了无数人：“我是一名普通的人民教师，只要还有一口气，我就要站在讲台上，倾尽全力、奉献所有，九死亦无悔！”40多年来，她想做的就是教书育人，立德树人，让大山里的女孩都能读书，让她们都能成长为合格的社会主义建设者。

心怀大爱，劳动是美丽的。

（三）美在自我

在把劳动看作既塑造世界，也实现自己的人那里，劳动不再是服务于外在目的的手段，而是目的本身。人们通过劳动获得预期甚至超出预期的成果，感受到个人在认识事物、把握世界、驾驭自身等方面所拥有的力量。在这个过程中遇到的任何艰难险阻，都是对个人的挑战，而一旦战胜，就是智慧和技能的最好证明。困难越大，克服困难之后，劳动者的成就感越强，自信心越强，幸福感越强，劳动也越美丽。

在各个岗位上，都有无数的劳动者以一丝不苟的态度，将平凡工作做到出类拔萃、无与伦比的水平，从认真将每一个动作都做到位的服务员、全神贯注攻克难关的技术工、沉浸在创意中的设计师、锐意创新的程序员，到追求效率提升的管理者，无论他们是否基于爱好而进入这个行业，只要身在岗位上，做好这份工作就是他们自身的需求。精益求精，完美无瑕，成为自己的存在和存在价值的证明。这就是“工匠精神”的重要内涵！

课堂案例

夏立：装配的天线送过神舟护过战舰

作为通信天线装配责任人，夏立先后承担了“天眼”射电望远镜、远望号、索马里护航军舰、“9·3”阅兵参阅方阵上通信设施等的卫星天线预研与装配、校准任务，他装配的齿轮间隙仅有0.004毫米。

384400千米，约是地球到月球的平均距离。0.004毫米，是亚洲最大射电望远镜的天线齿轮间隙的距离，相当于一根头发丝直径的1/20。这两个差距以亿来计算的数字，由于“嫦娥落月”工程被紧紧连在一起，而将它们连在一起的，是中国电子科技集团公司第五十四所的高级钳工夏立。

确保望远镜精准探测，安装钢码盘成为关键，齿轮间隙要精确到0.004毫米，如果太小，天线转不动，大了，天线会松动。

一丝，是0.01毫米。一根头发丝的直径大约是8丝，而0.004毫米只有一根头发丝的1/20。实现精确装配，夏立说最重要的是“心静”，眼里、心里只有设备。在拧螺丝时，屏住呼吸，心无旁骛，他凭着自己多年积累的手感，找到了那无法言说的“偶遇”。为了达到这一刻“偶遇”，平时“要反复测算，反复尝试，寻找零件的移动变形量，找到规律，最后才容易达到装配精度的要求”。

（来源:《工人日报》，2019-02-02，有删改。）

【案例评析】在0.004毫米的齿轮间隙的极限挑战中，夏立心无旁骛，凭借数十年积累的手感，一气呵成，不差丝毫，圆满完成了这个“不可能的任务”。他装配的天线，亮过“天眼”，指过“北斗”，送过“神舟”，护过战舰，他用一次次极致的磨砺，一点点提升着“中国精度”。看到自己的装备能应用到祖国的航空、航海、航天领域，他说，这使他感觉到自己的这种工作是有意义和有价值的，他以作为一名工匠而自豪。在夏立身上，我们看到了一名工匠立足岗位、沉浸其中、精雕细琢、不弃勤劳之美的精神原色，更展现了劳动之美的价值升华。

（四）美在无我

中华民族是热爱劳动的民族，对劳动至高境界深有感悟，“无我”就是这个民族认可的劳动最高境界。早在先秦时期，庄子就对此给出了最传奇也最实在的描绘。

庄子喜欢用寓言来说明生活道理，“庖丁解牛”就是庄子创作的一个有名的寓言，至今家喻户晓，脍炙人口。

庖丁每天的工作是宰牛，再把牛的肉和骨头拆解开来。刚开始时，整头牛在他面前，是一个小山般的存在，要剔出牛骨，不知从何下手，盲目下刀的结果是刀总砍在骨头上，白费劲不算，刀刃很快就磨损卷口。经过不断摸索，细心钻研，他终于找到门道，再看整头牛就像是透明的似的，全部骨架一目了然，刀刃游走在狭窄的骨缝间，畅通无阻，“游刃有余”之下，一把牛刀用了十九年，依然锋利如初。每次剔骨时，“以神遇而不以目视”，刀刃仿佛自己会动，或直行，或回转，或疾速，或缓慢，刀随隙走，人随刀走，身形协调，姿势优美，神态悠然，节奏鲜明，不是舞蹈，胜似舞蹈。片刻之间，一气呵成，硕大一头牛，骨归骨，肉归肉，干净利索。庖丁收刀站立，顾盼自得，踌躇满志。

庖丁只是一个劳动者，杀牛剔骨也不算高难度技术，但庄子恰恰在他的日常操作中，看到了劳动的人文意义。通过实践，掌握规律，获得自由，游刃有余，挥洒自如，与工作融为一体，进入忘我的状态，这样的劳动在旁观者的眼里，就呈现为一种无我之美，出神入化！

庖丁解牛虽是寓言，但不是纯粹虚构，所有能在旁人视为乏味、枯燥、艰苦的劳动中，甘之如饴，表现优异，创新迭出，成就不断的劳动者，都在某种程度上达到了庄子笔下庖丁一样的境界。对此，文学家在描写时，一定要在“劳动”前面加上二字：忘我。忘我者，无我也。

有一个视频，秋天街头，雨后道路，银杏落叶，一片金黄。只见一位环卫工正细心清扫落叶，扫到得意处，扫帚底下竟然出现金灿灿的一龙一凤，虽是落叶堆成，却也栩栩如生。环卫工不会不知道，再漂亮的图案也只能存在片刻，马上就会被扫进垃圾桶，但他仍挥洒自如，成就感满满，幸福感满满。

书写美丽的过程，而不是书写下来的美丽，才是劳动最美丽的生动写照！

这个视频得到大量点赞，网友们惊叹“高手在民间”。生活中处处有美丽，这就是环卫工人从日常工作中感受和展现的劳动的乐趣与美好。龙凤图案再美，美不过劳动者的境界和他所享受劳动的状态！

图 1-5-3 环卫工将落叶扫成的龙凤图案

面对生活，人们在选择工作时，难免受制于外部环境和主观条件，其工作表现也会受到种种外在因素（如工资收入、规章制度、职务晋升等）的影响，这是非常正常的。毕竟人不可能什么事情都由着兴趣爱好来。但只要在看待劳动的观念、对待劳动的态度、所掌握的劳动技能上达到一定境界，都可以大大扩展劳动的自由度，从而在最大限度上摆脱主客观条件的束缚，进入不同程度的自主自由状态。此时此刻，无论做出何种动作，摆成什么姿势，劳动者连同劳动都已经成为真正的艺术作品。

劳动最美丽！

思与悟

作为未来的职业人，你期望自己在劳动中达到怎样的境界？

■ 第二篇章

劳动最伟大

■ PART 2

引 言

自然产生万物，万物听从自然安排。唯有人类，产生于自然，却不安于自然的安排，走出了自己的轨迹，反过来改造自然。

人，由自己创造，创造是人之为人的终极标志，而创造的基本实现形式是劳动。人，从劳动中诞生；世界，靠劳动造就；历史，由劳动推动。

一切源于劳动，劳动最伟大！

一　创造、劳动的本质

扫码观看微课视频

说劳动伟大，不大会有人反对。但要说劳动就是创造，会让人觉得有些大而且空。

生活中的一些活动诸如叠被子、煮鸡蛋、洗碗，列入家务劳动，没有异议，但要说是创造，多数人都会觉得有些大；工作中的一些活动诸如按照图纸，操作机器，制作零件，列入生产劳动，同样也没问题，但要说这就是创造，还是会让人觉得有些大。其实，说这些劳动是创造性活动，有没有大，是不是空，关键是看从哪个角度来说的。

（一）劳动，人类独有的创造活动

无论哪种劳动，都不是一个人与生俱来的，而是通过学习，依靠自己的努力才掌握的，就熟练程度或实际效果来说，人与人之间也有明显差异。这说明，任何劳动都不是出于本能，而是人类的创造，学会劳动也是劳动，劳动最后达到什么效果，都离不开个人创造。

个人在劳动中无论怎样地循规蹈矩、按部就班，做出来的产品都不是自然能够产生的，它们被深深地打上了人类活动的烙印。例如，绿色有机蔬果听上去十分自然，其实并非自然长成，而是人们按照需要，控制其生长环境而培育出来的，最后无论规格、营养和生长速度，都与在自然环境里长大的同类植物表现出明显的不同。可见，说劳动的成果出于人类创造，一点儿也没有夸张。

即便一个人重复从事同样的劳动，不同的人从事同样的劳动，也会因为各自的探索和总结，形成大同小异的操作手法，通过相互比试，取长补短，最后会形成全新模式。“绳锯木断，水滴石穿。”许多世代相传的技术都源于每一代劳动者的持续专注和点滴尝试，日积月累才有了今日的精湛技艺。

拓展阅读

移动通信发展史简述：从 1G 到 5G 到底改变了什么？

如今，5G 时代已经到来。5G 极大地满足了人们对于移动通信网络的需求，提高了人们的生活品质，也连接了你我他。移动通信技术经过三十多年的飞速发展，极大地改变了人们的生活方式，而每一代的更迭，都给我们的生活带来了新的变化。

图 2-1-1　模拟机

1G 时代：只能语音传输

1G（first generation）表示第一代移动通信技术，即以模拟技术为基础的蜂窝无线电话系统，如现在已经淘汰的模拟移动网。1G 时代的街上随处可见公共电话亭以及等着打电话的人，大家腰带上都别着 BP 机。

图 2-1-2　按键手机

2G 时代：手机能上网了

第二代手机通信技术规格，以数字语音传输技术为核心。一般定义为无法直接传送如电子邮件、软件等信息，只具有通话和一些如时间日期等传送功能的手机通信技术规格。

3G 时代：随时随地无线上网

3G 是第三代移动通信技术，是指支持高速数据传输的蜂窝移动通信技术。3G 服务能够同时传送声音及数据信息，速率一般在几百 kbps。将无线通信与国际互联网等多媒体通信结合，产生了新一代移动通信系统。

图 2-1-3　触控手机

4G 时代：比拨号上网快 2000 倍

4G 集 3G 与 WLAN 于一体，并且能够快速传输数据、高质量音频、视频和图像等。4G 能够以 100 Mbps 以上的速度下载，比家用宽带 ADSL（4M）快 20 多倍，并能够满足几乎所有用户对于无线服务的要求。很明显，4G 在当时有着不可比拟的优越性。

图 2-1-4　5G 折叠屏手机

5G 时代：万物互联

第五代移动通信技术是最新一代蜂窝移动通信技术，是 4G（LTE-A、WiMax）、3G（UMTS、LTE）和 2G（GSM）系统的延伸。万物互联通俗来理解就是可以将人、物体（带电或不带电）、数据联系起来。5G 的性能目标是高数据速率、减少延迟、节省能源、降低成本、提高系统容量和大规模设备连接。

（来源：中关村在线，有删改。访问日期：2022-03-25。）

（二）劳动缔结社会关系

劳动不是人的本能活动，劳动成果不是自然的产物，人在劳动中结成的社会关系，也不是纯粹自发的关系。

由于社会分工的产生，一个人在劳动时需要得到别人的支持、配合与帮助。他无法单靠自己生产的产品或服务满足自己的全部需要，必须同其他生产者或服务者进行交换，劳动在创造物品或服务的同时，创造了人与人的交往关系。新中国成立以来，经过 70 余年的发展，当前庞大的产业分类体系，编织了一张纵横交错的社会关系网，劳动者是这个关系网上不可或缺的节点。一个劳动者在企业内有良好的人缘，一个经营者在市场上有广泛的人脉，都是劳动创造社会关系的表现。

当下社会发展进入了互联网时代，虚拟的人机关系达到了无远弗届的程度，只要网线通达的地方，每个人都被编织进了这张空前巨大的网络。在关系网络和信息通道的基础上，新的营销模式逐渐形成。

课堂案例

丁浪：网络经济的弄潮儿

在贵州省铜仁市德江县焕河村里，有一位“奇男子”，他回乡创业，利用短视频记录着家乡诗一样的生活，画一般的风景，并以此带动家乡的经济。这个人就是丁浪，曾就读于金华职业技术学院国贸093班。

图2-1-5 丁浪直播卖家乡农产品

2012年毕业后，丁浪去了广东江门做电商，两年后，他怀着一腔热血返乡，想通过自己学到的技术销售家乡的农产品，这是他创业的初心。2015—2020年，丁浪不停坚持、不断尝试，最终组建了运营团队并通过抖音带货销售家乡的农产品。

现在丁浪的抖音账号已有数十万的粉丝，在他的镜头中，乡村美食、村边泉水、山间绿树及袅袅炊烟，都让人心驰向往。他记录的张金秀奶奶做饭的视频仿佛有种魔力，看了之后会让浮躁的心沉静下来。72岁的张奶奶俨然成了一位短视频“美食网红”，她那朴实又美好、充满着人间烟火气的生活，成为很多人向往的世外桃源。

如今，网络快速发展，网络经济应运而生，丁浪就是发展大潮中的一员，每一个人都有机会创业。心中有理想，来日便可期。

（来源：金华职业技术学院网站，有删改。访问日期：2022-03-25。）

图2-1-6 张金秀奶奶直播视频

【案例评析】丁浪，怀着通过自己学到的技术帮助家乡销售农产品的初心返乡创业，他在人机关系网络中不断寻找突破，成功找到直播带货的新营销模式。随着粉丝数的不断增加，人机关系网不断扩大，农产品销售量一路攀升，实现了家乡发展和个人发展的双赢。乡村干部们看到丁浪的成功，纷纷加入直播带货的队伍中，助力农民销售农产品。直播带货的成功看似偶然，其实也是劳动创造的。

（三）劳动聚合人类命运共同体

劳动的聚合效应没有局限在劳动本身，而是投射到以劳动者为主体的全人类身上，促成了人类命运共同体的形成。

在自然经济条件下，小家庭可以独立生产，满足基本需要，人与人不需要太多的联系和交往。这时候，血缘和地缘成为社会联系的主要纽带，人口的分布和人们的生活都呈离散的点状。随着分工细化和深化，交换日益频繁，市场成为社会关系的重要纽带，血缘纽带开始松懈，地缘随着人口主动迁徙，也逐渐断裂，“叶落归根”，说明血缘和地缘更多地呈现为情感价值和象征意义。

工业化、市场化和经济全球化造就了物品和服务在世界范围内的流通，原料在一个国家，零件制造在另一个国家，硬件制造技术来自第三个国家，软件服务可能来自第四个国家，装配可能在第五个国家，销售在更多国家。所有设计者、生产者和消费者是因为劳动而结合在一起的。

拓展阅读

苹果主要供应商名单

苹果公司公布了2020年主要供应商名单，名单上的厂商为苹果公司提供材料、制造和组装服务。2020年苹果最新供应商名单中，中国公司有98家，占据总数的49%，包含中国大陆（内地）42家，中国台湾46家，中国香港10家；美国公司35家，约占18%；日本公司33家，约占17%；韩国公司14家，约占7%；其他国家20家。

（来源：新浪网，有删改。访问日期：2022-03-25。）

当今世界就是一个由劳动关联起来的共同体，能在这条劳动链条中找到位置的，就能享受到经济全球化的成果，没有位置的就处于边缘地位，而处在劳动链的不同位置，分享到的发展成果在数量和质量上也存在巨大甚至实质性差异。努力在全球产业链上向上攀登，争取提高自身劳动附加值，增加国民福利，是许多国家寻求发展模式优化和产业升级的内在动力。

自近代以来，中国从原来自给自足的小农经济，被动卷入以国际贸易为形式的全球生产体系，长期处于产业链的低端，成本高而效益低。中华人民共和国成立以来，经过70多年尤其是改革开放以来全国人民的辛勤劳动、奋发努力，不断提升自身在全球生产链中的地位，现在不但已经成为全世界唯一拥有联合国产业分类当中全部工业门类（共计41个工业大类、207个工业中类、666个工业小类）的国家，形成了独立完整的现代工业体系，而且出口货物的技术含量和附加值不断提高，国家和国民在世界财富生产体系中获得份额不断增加。

几年来，虽然有些国家试图让产业链在一国之内形成闭环，但事实证明，无论从生态环境还是生产效率来看，在社会化大生产的推动下，全人类的命运已经不可逆转地联系在一起。

（四）投身劳动，为大时代尽力

现代劳动像一台由诸多零件组成的大机器，孤立地看，个人劳动相当于其中的小零件，随时可以更换；合起来看，劳动是所有零件组装成的机器，少了哪个都不行。

在社会主义建设事业中，曾经提倡“做一颗永不生锈的螺丝钉”，在张扬个性的当下，这个口号很少听到了，但其中蕴含的道理，并没有过时，因为只有无数劳动者的细微之举汇集在一起，才能并且一定能产生宏大效果，创造出人间奇迹。回望历史，万里长城、都江堰、大运河、兵马俑、四大发明，一个个彪炳史册的中国奇迹都蕴含着劳动人民的智慧和汗水。在当代，无数劳动者投身祖国建设，从经济特区建设到西部大开发、东北老工业基地振兴，从一部分人先富起来到全面建成小康社会，劳动使中国的面貌焕然一新。

如今，中国大地上遍布一个又一个超级网络：铁路网络、公路网络、特高压输电线路、天然气和原油管道。这些奇迹数字都依托了一个个劳动者的一个个简单琐细的操作，如拧螺丝、看图纸、操作器械等。日复一日，看似平淡无奇，同创造无关，但将之整合在一起，恰恰创造出了今天的一切。

自古以来，中华民族就推崇积小善为大善，最后成就“善莫大焉”。对于劳动同样如此，不因职务普通、工作细微，就无视其创造性，在任何岗位上，要想把活干到极致，做出别人做不出的效果，都需要发挥个人主观能动性，不断尝试，不断突破自己，以创新创造成就最佳业绩。

国家的整体发展和个人的美好生活，都需要每个人的创造性劳动。

劳动平凡，创造伟大！

思与悟

伟大是由无数劳动者的细微之举汇集而成的，青年大学生在校期间，该如何锤炼自己的劳动本领，为国家建设和社会发展贡献自己的力量？

二 人类诞生的助产士

人类不是神创造的，不是自然生成的，而是通过劳动，才走出纯粹动物阶段，走进人的时代。劳动是人类自我创生的助产士！

扫码观看微课视频

（一）手，人类在劳动中诞生的见证

人类是由数千万年前的一种森林古猿进化而来的。由猿进化到人的决定性环节是劳动，其根本标志是工具的制造和使用。在这个过程中，人类双手的形成既是人类进化的里程碑，也是人类进一步进化的助推器。

在远古时期，类人猿逐渐适应直立行走，前肢获得解放，为人的双手形成提供了生理条件和功能要求。在日趋繁复的使用中，人类区别于其他动物的手和人类特有的活动（即劳动）一起诞生。

猿掌大拇指骨是直立的，与其他掌指同向，且前掌和拇指完全在一个平面上，不能弯曲，主要用于抓握树干，使身体得以悬挂在空中。而人手的大拇指骨可以弯曲，与其他手指形成相向活动。得益于劳动锻炼，人的手变得更加灵巧，更适合于抓握各种工具，打制石器等。即使是原始人的手，也能做几百种为任何猿掌所模仿不了的动作。没有一只猿掌曾经制造过一把哪怕是最粗笨的石刀。人手还可以通过拇指与其他手指（首先是食指）的配合，做出许多细巧精微的动作。比如在刺绣中，只有人的手和手指才能完成捏针捻线这样的动作。

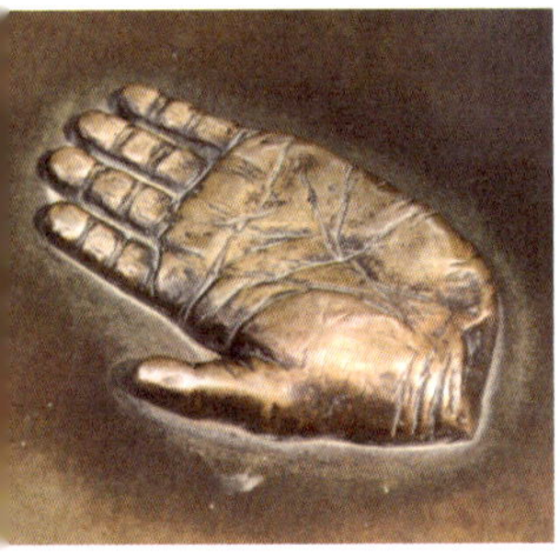
图 2-2-1　人手

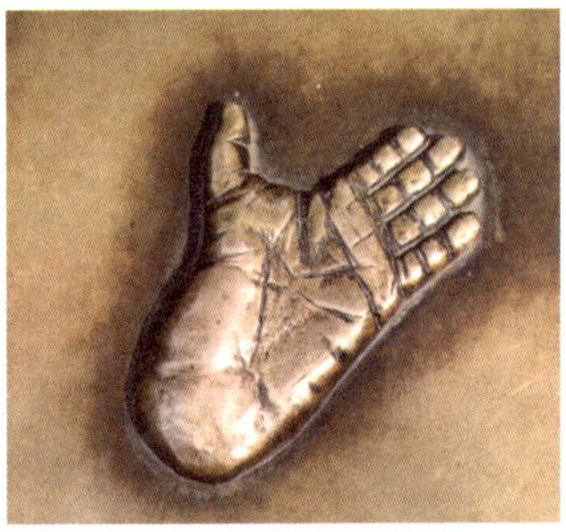
图 2-2-2　猿掌

从以上的对比中不难发现，人类双手可以从事更多复杂劳动，反过来，复杂劳动又进一步促进手的进化，最终完全超越了猿掌，成为人所特有的身体器官。手和劳动在互动中一起诞生。

（二）手工，机械时代的最后手段

手工劳动是劳动的本源，至今“手艺”仍被用来广泛指称劳动技能。其中许多技能并不一定是严格意义上的纯手工，使用工具或机器制作产品的能力也被泛称为手艺。

人类劳动的一个特点就是制造和使用工具。早期的工具主要是代替或协助人手完成劳动，是人肢体的延长和肢体功能的延伸。随着工具的复杂化，出现了能连续完成动作的工具——机器。随着畜力、水力、风力乃至蒸汽、燃气和电力的使用，人类创造的机器越来越多，机器能完成的动作越来越连贯、越来越复杂，物质生产过程进入了机械化阶段，人类由直接动手进入操作机器乃至由机器自动操作的状态，靠人手完成的工作量在整个作业过程中所占比重越来越小。

课堂案例

“亚洲一号”无人仓

“亚洲一号”是一个全流程无人仓库，建筑面积达 40000 平方米，物流中心主体由收货、存储、包装、订单拣选四个作业系统组成。该无人仓完成了包括入库、扫描到打包、分拣、出库等所有环节。而操控全局的智能控制系统是企业自主研发的“智慧”大脑，仓库管理、控制、分拣和配送信息系统等均由企业总集成。

该企业物流首席规划师、无人仓项目负责人对记者表示，从最低级的传统仓库到无人仓的终极形态，要经历5个层次的演变，包括传统仓库、智能型仓库、少人型仓库、无人型仓库到终极无人型仓库。他还透露，目前“亚洲一号”已经实现全流程无人作业。

（来源：第一财经，有删改。访问日期：2022-03-25。）

【案例评析】“亚洲一号”无人仓无疑是机器代替人类劳动的典型案例，但作为高智能代表的机器，其创设之源是人类劳动。源起于人类劳动的机器，最终的结果也必然是受命于人类劳动。

图 2-2-3 “亚洲一号”无人仓内景

机器替代人手拓展了劳动的外延。在机器占据主导地位的今天，一旦因为条件制约，没有机器或用不上机器时，手和手工就成为人类达成目标的最后手段。

课堂案例

“天眼”装配中人力的作用

“天眼”是中国利用贵州有利的地理条件所建成的世界最大射电望远镜，可以探测到遥远太空中微弱的电脉冲信号。此项工程技术要求高，科技含量大，施工难度尤为惊人。由于当地条件所限，有些关键环节无法使用机械设备，为了确保工程进展，施工单位动用了最后的技术手段，硬是用人拉肩扛的方式，完成了部分重要的装配作业。

（来源：新华网，有删改。访问日期：2022-03-25。）

【案例评析】“天眼”打造了中国的又一“世界之最”，它本身就是中华儿女伟大劳动凝结而成的，“天眼”本质上就是中华儿女的劳动之最，而“天眼”之上所有可能遇到的困难，也必然只能靠人类劳动来解决。手，是人类劳动的终极武器！

图 2-2-4 “天眼”装配中的人力破难

（三）劳动，知行合一的起点和终点

劳动源于人类的双手，但只有双手是无法完成从动物行为向人类劳动的最后转变的，大脑和手的结合才是人类劳动的本质特征。马克思提出：“人类劳动与动物活动的最大区别在于人类劳动是有计划的行动。”没有人脑参与，单纯的手的活动与动物行为只有形式上而没有本质上的区别；而没有手的执行，大脑的思考无所着落，计划无从实施，设想无法检验，大脑甚至会因为得不到必要刺激而陷入无所思考的状态：毕竟手指是人类最灵敏的器官，通过丰富的神经末梢，劳动中的手指源源不断地向大脑输入大量信号，激活大脑细胞，实现认知功能。恩格斯提出：“首先是劳动，然后是语言和劳动一起，成了两个最主要的推动力，在它们的影响下，猿的脑髓就逐渐地变成人的脑髓；后者和前者虽然十分相似，但是就大小和完善的程度来说，远远超过前者。”

脑和手这一对黄金搭档的终极组合，使劳动得以完成，使人类得以从劳动中诞生。劳动既是实践的，也是认知的，更是知行合一的！

（四）手脑并用，智能时代的地位保证

在信息技术和海量数据的驱动下，人类已来到智能时代的入口，具有强大计算能力的机器，装备了算法后，可以凭借传感器，在海量数据的驱动下，自行决策，输出指令，带动机械装置做出相应行为，完成人类设定的任务。在未来的生产场合，不但人手的动作会被机器所取代，人脑的思考也可能退居编程的一隅。

初露端倪的脑机接口技术将带来劳动的全新形式，脑电波通过导线，输入智能机器，经过处理后，用于驱动机械装置，机器便会按照人的意念，完成相应动作，满足人的需求。

拓展阅读

脑机接口技术

科幻电影中经常有这样的场景：残疾人可以用机械臂自如地弹唱，人类依靠意念指挥着庞大的机械……其实，这些神奇的场景都是以一种技术为基础的，即脑机接口技术。脑机接口，是指在人或动物大脑与外部设备之间创建的直接连接，从而实现脑与设备的信息交换。当人类思考时，大脑皮层中的神经元会产生微小的电流。人类进行不同的思考活动时，激活的神经元也不同。而脑机接口技术便可以靠直接提取大脑中的这些神经信号来控制外部设备，在人与机器之间架起桥梁，并最终促进人与人之间的沟通，创造巨大价值。

（来源：新华社新媒体，2020-09-30，有删改。）

其实在很早之前，科学家就已经有了开发早期脑机接口技术的想法，但由于技术的限制，一直没有什么实质性的进展。在此后的时间里，人们针对该技术的算法和应用不断创新。如果将截至当前的脑机接口技术的发展划分为三个阶段的话，第一阶段是科学

幻想阶段，第二阶段是科学论证阶段，第三阶段也就是当下所处的阶段，主要聚焦用什么技术路径来实现脑机接口技术，或将出现各种各样的技术方法，进入“技术爆发期”。

（五）新技术，新时代，新人才

自动化、智能化具有分离手工劳动和脑力劳动的内在倾向，人要继续保留在生产领域中的完整性，避免被机器分解为只有手或只有脑，甚至手和脑都被闲置，就必须掌握手艺，激发创意，成为新一代的技术人才。

高职教育作为高等教育的一种类型，旨在培养能以双手实现自己创意的未来职业人才，强调手脑并用，相得益彰，体现了人工智能时代对人的本质和劳动本质的坚守和提升。

拓展阅读

金职院学子在2020“智海”人工智能技术服务技能大赛中获一等奖

2020年12月5日，2020“智海”人工智能技术服务技能大赛在金华职业技术学院顺利举办。

据介绍，本次大赛面向高职及以上院校，以人工智能技术技能为主题，围绕计算机视觉开发和自然语言处理两个竞赛领域，既是对学生技能水平的一次全面锻炼，同时也是深化“产教结合”、加强校企合作的一次具体实践，更是拓宽人才培养渠道的一次成功尝试。

主办方表示，希望通过本次大赛，推进人工智能在职业院校学生中的普及，促进职业院校之间在人工智能领域的交流与合作，提升参赛选手在人工智能工作领域的知识、技能和职业素养等，引领职业院校适应行业现状及技术发展趋势，推进复合型技术技能人才培养培训模式改革。

（来源:《金华日报》，2020-12-05，有删改。）

确实，知识在生产劳动中的重要性日益凸显，“科学技术是第一生产力”，但体力劳动尤其是手艺，仍然具有基础地位，难以动摇。知识可以分享和共有，但经验和技能却不可能在短时间内为所有人所掌握。“一招鲜，吃遍天。”在市场经济条件下，只有稀缺资源才能获得最好的经济回报。既有扎实的知识储备，又有独门的生产技能，未来职业人方能如虎添翼，在职场上、人生中，风生水起！

思与悟

为了迎接人工智能时代，做新型技术人才，你有什么准备?

三 开天辟地的大力神

人，是自然演化的结果，最早面对的是自然，永远离不开的也是自然，保护自然环境就是保护人类自己。

科学家希望用火箭把人类送往火星，以脱离越来越无法承受人类破坏的地球。但宇宙只是相比地球更大的自然，登陆火星并没有飞出自然。自然之大，自然伟大！

扫码观看微课视频

（一）人的世界，一种人化自然

图 2-3-1　深圳深南大道

今天，人类所接触到的世界很少保持着原始的自然属性，都已被或多或少改变了，这在理论上被称为“人化自然”，即被人类活动（首先是劳动）所改变了的自然界。

今天，几乎不再有人居住在作为自然地貌的山洞里，人们出行通常都走在人工铺设的道路上，而且大部分时间都会借用某种交通工具，即便步行，也会穿着鞋子，这些都是人制造的。

人类的衣食住行，离不开自己生产的物品，人们平时看见的自然也被人类打上了烙印，目光所及必有人类建造的各类设施，就是自然风光也多少被人改变了。

在肉眼难以看清的夜晚，手机仍可把人物景象拍摄得清清楚楚，电子屏幕上的色彩，远胜此时自然光直接投射在视网膜上的感受效果。

图 2-3-2　夜色下手机实拍彩虹桥

图 2-3-3　手机夜景模式实拍梅溪流水

人类在改变了自然后，时常会模仿自然，从人造奶油到人工智能都是如此，但所有这些都不是自然的产物，而是劳动的结果。

在一定程度上说，人所处的世界是人为自己设置的世界，而设置世界的活动离不开劳动。人类按照自己的意志使自然“人化”的过程，就是劳动创造世界的过程。

（二）劳动，世界演化的内驱力

劳动从一开始就以满足人类需要为目的，需要决定了劳动的方向、方式和结果。不同于动物的需要由自然决定，人的需要具有无限进化的性质，只有靠不断进化的劳动来满足。

因为要抵御灾害和猛兽，所以要围篱筑墙；因为要饮水解渴，所以要挖洞凿井；因为要保持体温，所以要用毛皮裹身。凡此种种，人类通过劳动把自己的要求加诸自然。歌曲《南泥湾》讴歌的延安大生产运动时期，王震将军率领三五九旅把“处处是荒山”

的南泥湾建成“陕北的好江南”，就是一个很好的例子。

中国古话说“人定胜天”，寓言有“愚公移山”，两者都有这个意思：按照人类的意愿，重新安排世界。

需求无限，劳动不止，世界因此不断被创造。

当人类为获取食物，种植庄稼，却因为气候多变，旱涝难测，丰歉不定时，人类便想办法开沟挖渠，兴建水利设施。

课堂案例

水利鼻祖成就天府之国

也许很难想象，如今有“天府之国”美誉的成都平原，在古代是一个水旱灾害十分严重的地方。每当岷江洪水泛滥，成都平原就是一片汪洋；一遇旱灾，又是赤地千里，颗粒无收。岷江水患长期祸及西川，鲸吞良田，侵扰民生，成为古蜀国生存发展的一大障碍。李白在《蜀道难》这篇著名的诗歌中“蚕丛及鱼凫，开国何茫然”的感叹，就是那个时代的真实写照。这种状况是由岷江和成都平原“恶劣”的自然条件造成的。岷江对整个成都平原是地道的地上悬江，落差竟达两百多米。

早在2000多年前，为了改变成都平原的水旱灾害，李冰父子兴建了著名的水利工程都江堰，发下“水旱从人”的宏愿，造就了如今天府之国的千里沃野。

（来源：搜狐网，有删改。访问日期：2022-03-25。）

图 2-3-4　都江堰俯瞰图

图 2-3-5　三星堆博物馆

【案例评析】在今天的都江堰二王庙，有一块“功追神禹”的匾额，这四个字是历史对李冰父子最高的评价。这句比肩大禹的评价既属于李冰父子，更属于千千万万投身于这项伟大工程建设的劳动者。虽然历史没有记录下他们的名字，但是谁也不能否认他们的功绩，是他们用肩挑背扛、一斧一凿的方式让成都平原变得“水旱从人，时无荒年”，从此改变了蜀郡人民的命运，乃至影响了中国历史的进程。

当深山中的村民因为交通不便、生活和生产困难而无法脱贫时，国家修建了公路。这些公路似巨龙穿行在群山之中，改变了地理条件，也改变了村民的生产和生活状态。

拓展阅读

贵州举行“十三五”交通建设迈上新台阶新闻发布会

“十三五”时期，贵州交通事业实现质的飞跃，“县县通高速”“组组通硬化路”“世界桥梁博物馆”等成为贵州最亮丽的名片。交通扶贫方面，贵州省 66 个脱贫县高速公路由 3797 千米增加到 5640 千米，增长了 48%；公路里程由 14.9 万千米增加到 16.4 万千米。20 个极贫乡镇新增 402 千米“幸福小康路”快速通道。2760 个深度贫困村实现 3.4 万千米“特色致富路”民心连接。建成全省 1725 个 500 亩以上坝区产业公路 3.73 万千米，500 亩以上坝区 100% 通油路，7 个 5A 级景区和 123 个 4A 级景区（占 4A 级景区总量的 95.3%）实现 30 分钟进入高速公路，为脱贫攻坚做出了积极贡献。

（来源：贵州新闻发布厅网站，有删改。访问日期：2022-03-25。）

当人类在改变世界的过程中，既享受到成果，也遇到生态环境恶化时，科学家针对问题，加强研究，开发出对环境友好的技术和产品，新能源、碳中和、青山绿水，人与自然更加和谐。

图 2-3-6 太行山郭亮村挂壁公路

劳动创造世界，不是一次完成的，而是不断迭代、持续改进的过程，是在人类需求的驱使下经由创造性劳动造就的。

（三）对象化，劳动创造世界的奥秘

通过劳动，人把自己的愿望和想法融入事物之中，造就一个美好的世界，这在马克思那里被称为“劳动的对象化”。

马克思在《1844 年经济学哲学手稿》中说：“劳动的产品就是固定在某个对象中、物化为对象的劳动，这就是劳动的对象化。劳动的实现就是劳动的对象化。”

这个概念听起来有些拗口，其实很传神，对于其中内涵，设计专业的学生最有体会。设计的目的就是把自己对美好事物的理解，经过奇思妙想，用一定的技术手段表达出来，

传递给别人，引发共鸣。设计中最重要的是创意，必须与众不同，想人所未想。一旦有所雷同，轻则被认为想象力不足，重则成了抄袭甚至侵权。有想象，能表达，会制作，设计者才能将自己的艺术细胞移植到作品里，实现自己劳动的“对象化”。

拓展阅读

金职院师生喜获红点奖

熟悉数码产品的消费者对德国红点奖这个世界级别的设计类大奖可谓耳熟能详，苹果无线耳机 AirPods、一体式电脑 iMac Pro、联想商务便携本 ThinkPad、飞利浦空气净化加湿器等都曾获得红点奖。近日，金华职业技术学院机电学院和艺术学院师生们共同研发的一款“圆周健身器”，就以新潮的设计荣获 2018 年德国红点设计概念奖。金职院是 2018 年国内唯一获此殊荣的高职类院校。

红点奖是国际公认的全球工业设计顶级奖项之一，素有工业设计界“奥斯卡”之称。

“圆周健身器”之所以能获奖，离不开两个学院数届学生共同的努力。金职院机电学院教师杨绍荣告诉记者，“圆周健身器”的构思最早来自 2012 年。该构思很快便转化为早期设计，并拿下了当年全国大学生机械设计大赛的一等奖。不过当时的产品距离国际性大赛标准还有一段距离。2015 年，随着校方在教师代表大会中提出冲击红点奖的计划，杨绍荣和学生们开始筹备这场评选，他们找出了当年的“圆周健身器”，想要寻求突破。不过接连两年都陷入了瓶颈，直到 2017 年与艺术学院通力合作才打破了这一僵局。两大学院强强联手，经过数次重新讨论、推翻设计，最终用了整整两个月时间，新一代的“圆周健身器”被设计了出来，并一举拿下了红点奖。

（来源：《金华日报》，2018-10-31，有删改。）

通过劳动，人类不断地将自己对世界的想法，转化为现实的世界，日积月累，造就了今日的世界和世界上的一切。

世界美好，劳动创造伟大。

思与悟

高职学子该如何更好地实现个体“劳动对象化”，圆梦职场？

四　历史前进的火车头

劳动创造历史是写在历史上的事实。写在历史上，不只是指在史册上有记载，更重要的是表达在了历史的分期名称中。

扫码观看微课视频

（一）劳动，历史分期的标注

考古学上有石器时代的说法，看上去讲的是石器，也就是人类最早使用的工具，其实说的是打造工具时所采用的劳动形式。石器时代通常分为三个阶段：旧石器时代、中石器时代和新石器时代。

图 2-4-1　打制石器制作方法示意图

旧石器时代的标志是打制石器。当时，人类主要通过击打石块，获得所需要的形状，比如锐利的尖角或锋利的边缘。打制劳动的好处是动作简单，抓住石块，用力往下砸就行。坏处是结果难以控制，用力轻了，不起作用，用力重了，砸出的形状不成样子。

新石器时代以磨制石器为主，开始具有“精细加工”的特点，设计意图明确，动作协调性强，技术要求高，结果可控。处于两者之间的中石器时代，属于过渡阶段。

其实，在旧石器时代早期，人类已经掌握了用火的技能，会砍伐树木用作燃料，煮熟食物，这对人类生存和进化极为重要，大脑进化的加速就与采用熟食有直接关系。但被考古学家用来标识历史分期的是劳动形式，而不是用火技能。因为用火只是对自然力量的驾驭，而劳动才是人类自身的发展。

可以说，石器时代这一称呼是劳动写入历史的最好例子，也是劳动创造历史的最好证明。

随着劳动趋于复杂，工具更加丰富，使用效率更高，劳动写入历史的方式也发生了变化，以技术类型来命名历史阶段成为通例。古有青铜时代、铁器时代之说，近代有蒸汽机时代、电气时代，当下被称为互联网时代，方兴未艾的是人工智能时代。所有这些时代虽然都以人类在技术上取得的某项革命性突破为命名依据，但其背后无一不是劳动、劳动成果和劳动实现方式的革命性突破。只有当劳动登上一个更高的台阶，人类社会才能进入一个更高的阶段，这个逐级攀升、永无止境的过程，就是历史。

（二）劳动决定人与自然关系

生产力的发展推动历史的进步，而究其本质，生产力就是依托劳动，表明生产过程中人与自然的关系及所处地位，生产力越发达，意味着人对自然的主导性越强。

劳动创造历史，其直观表现是劳动改变了人与自然的关系。同样一块地，如果人类活动局限于采集植物的果实、块茎、枝叶等，那一定是杂草丛生，产量低下。如果人类有意识地清理杂物，播下种子，那么产量就可以提高很多，景物也会改变。如果平整地块，修建水利，提水浇灌，则产量更高，地貌变化更大。如果还能施肥、优选种子、找到环境耐受能力更好的品种，制造耕作器具，推行精耕细作，甚至营造微观环境中的生态循环，那么不但产量更高，还能确保可持续发展，实现最大的土地产出。

课堂案例

治沙英雄石光银：干成治沙一件事，就算没白活

6月29日上午，人民大会堂金色大厅，石光银缓步走上领奖台，在雄壮的《忠诚赞歌》乐曲声中戴上代表党内最高荣誉的“七一勋章”。“石光银，治沙造林事业的模范代表，40多年坚持与荒沙碱滩不屈抗争，创造治沙与致富相结合的新模式，为彻底改变毛乌素沙漠南缘‘沙进人退’恶劣环境做出杰出贡献。”这简短的出场介绍，让更多的人记住了这副宽厚的肩膀扛起来的不凡事业，也为“治沙人”的故事写下梗概。

在承包的沙地中，占地6000多亩的“狼窝沙”最难驯服，这里沙梁挨着沙梁，常年大风不断。如今，这里成了毛乌素沙漠边缘牢固的生态屏障。30多年间，石光银在25万亩荒沙、碱滩上植树5300多万株（丛），反复造林面积达35万亩，彻底改变了当地“沙进人退”的历史。漫步林间，脚下的沙土柔软湿润。石光银蹲下来，搓起一把青苔，乐呵呵地科普道：“这就是植被良好的表现，就是这个东西把沙子变成了土，沙子才不会流动。”

进入21世纪之后，石光银意识到当年栽种的灌木林寿命短、经济价值小、观赏性差，粗放造林的生态效益和经济效益不够显著，低产林改造成为他新的计划。通过不断改良，以樟子松为主的优质树种已达100多万株。“林子的生态效益好了，经济效益就上来了，致富不再是一句空话。”石光银说。固沙已是一个久远的话题。生态恢复，成了石光银永恒的梦想。

（来源：新华网，有删改。访问日期：2022-03-25。）

石光银的故事是劳动者的伟大故事，也是劳动创造历史的伟大故事。劳动能够搭建起人与自然的和谐桥梁，无论曾经的关系多么恶劣，都能靠劳动者的双手去改变。

（三）劳动推动人类社会发展

劳动创造历史还表现为劳动对人类社会的影响。在历史上相当长的时间内，中国农业在世界上具有领先地位，其标志是农业组织方式和灌溉系统的完善。其中，水的利用和治理贯穿了中国历史进程。公元前的郑国渠、都江堰，20世纪的红旗渠，以及今日星罗棋布的水库，不但改变了地区的生产生活条件，而且构成了国家的组织方式、制度形态和运作模式的内在逻辑。在如今中国成功的经验中，可以找到数千年兴修运行水利设施所积淀的劳动基因。

拓展阅读

中国基建

1988年以前，中国高速公路总里程是0，但是到2020年年底，高速公路总里程达到16万千米，位列全球第一。2008年，中国第一条高标准、设计时速为350千米的高铁——京津城际铁路开通。短短十几年，中国就成了全球第一高铁大国。2020年年底，全国运营里程达3.79万千米，占了全球的三分之二。

这些成就离不开过硬的技术。中国的高速铁路、高原铁路、重载铁路、特殊地质公路、超大型桥隧、港口航道以及大型机场建设等方面的技术都处于全球领先地位。

由于这些技术的助力，中国的基建速度，甚至可以用天和小时做单位。

武汉火神山医院，从2020年1月23日开建到2月2日落成，只用了10天。而按照常规速度，建设这座占地3.39万平方米的医院，至少需要两年。

中国基建的创新力，更是不在话下。代表着无限可能的5G，中国已建成基站超过71.8万个，约占全球的70%，5G网络已覆盖全国所有地市。

中国基建的质量提升之快，也令其他国家望尘莫及。根据世界经济论坛发布的《全球竞争力报告》，中国的基础设施质量排名从2017年的第48位跃升到2018年的第29位。

（来源：网易新闻，有删改。访问日期：2022-03-25。）

图 2-4-2　让世界惊叹的中国基建

“中国基建”的奇迹，不是某一家公司或者某一个人，在某一天突然获得的，它是所有中国劳动者，日复一日、年复一年挥洒汗水的结果。“中国基建”用劳动创造历史，并深刻地改变着人类社会的方方面面。

（四）劳动助力国家民族前进

劳动创造历史，更宏观的表现就是推动着中华民族从站起来到富起来，再到强起来的伟大历史进程，这在中华人民共和国成立之后得到了更加全面和深刻的展现。社会主义现代化建设从根本上转变了传统的生产劳动方式，极大地激发了劳动者的生产积极性，曾经“积贫积弱”的国度，经过七十多年的奋斗，成功地整体摆脱了绝对贫困，在成为世界第二大经济体之后，继续保持着经济增长的势头。放眼望去，在科学技术的助推下，我国的劳动形态、内容和层级不断提升，谱写着古老国家新的历史篇章。

今天的高职学生注定将成为劳动创造历史的继往开来的一代。当下中国社会进入了经济转型、产业升级的新阶段，既要发展速度，又要发展质量；既要艰苦奋斗，又要奇思妙想；既要创新求变，又要传承技艺；既要增强中国制造的可靠性、稳定性、一致性、均匀度等，又要在核心技术和原创品牌上开拓前行。随着适龄劳动者数量的减少，人才变得更加可贵。国家发展和年轻一代自身的前途都要求年轻人继续保持艰苦奋斗、爱岗敬业、精益求精、创新探索的劳动精神，以劳动创造自己的未来，以劳动创造新的历史！

课堂案例

机电“95后”技术团队：让青春在复工复产中绽放光彩

2020年年初，金华职业技术学院机电“工程创新班”3名大三学生王志、柯晨浩、王煜格组成技术小团队，进入某机器人公司顶岗实习，负责公司机器调试及组装。为了保证质量，自上班的第一天开始，他们每天早8：00到晚上11：30一直奋战在从复工复产到复工能产的第一线，一个个零件组装，一个个环节调试检查，力求万无一失。

图2-4-3　柯晨浩、王煜格正在装配调试口罩生产线

转眼，时间到了3月，外防输入、内防反弹，口罩生产企业纷纷从内销转向出口，市场上对生产口罩机器的需求日趋旺盛，这让该公司看到了商机，决定自己生产口罩机。但企业刚刚复工复产，人员短缺、技术滞后等一系列问题让公司领导犯了难。王志、柯晨浩、王煜格三名实习生得知情况后，主动请缨，申请成立口罩生产线技术装调技术小组。

为确保半个月内交出合格的医用口罩生产线，团队“白＋黑”连续奋战在车间，一天工作十五六个小时是家常便饭。组装调试累了，三人轮换岗位接着干；手上磨出了口子，贴上创可贴继续工作……功夫不负有心人，在三名同学的共同努力下，首条生产线完成组装调试，送至企业投入生产，当日便生产了80万只口罩。

（来源：金职新闻，有删改。访问日期：2022-03-25。）

【案例评析】在抗“疫”这场全民阻击战中，金华职业技术学院机电“工程创新班”3名大三学生以其精湛的专业技能和精益求精的工匠精神，在服务智能制造企业复工复产中，打响了名气，彰显了“95后”机电青年学子的担当，他们的青春在社会最需要的地方绽放了夺目的光芒。

习近平总书记强调，人民创造历史，劳动开创未来。实现我们的奋斗目标，开创我们的美好未来，必须紧紧依靠人民、始终为了人民，必须依靠辛勤劳动、诚实劳动、创造性劳动，必须充分发挥我国工人阶级的重要作用，焕发他们的历史主动精神，调动劳动和创造的积极性。劳动是人类永恒的活动，人类在劳动的历史长河中，每一次的劳动变革，都会推动着人类历史大步向前。

思与悟

今天的高职生，未来的职业人如何依靠自己的劳动接续奋斗？

五 塑造生活的园艺师

扫码观看微课视频

劳动决定生活，听上去非常容易理解，人们靠劳动获得收入，收入多寡决定了个人过什么样的生活。其实不然。劳动创造生活的内涵远比单纯的收入决定生活更为丰富、复杂和深刻。

劳动创造生活，创造的是不同时代社会生活的基本内容和主要风格。劳动是塑造生活的园艺师。

（一）劳动改变生活内容

从道理上说，是劳动为了生活，不是生活为了劳动，但在自然经济条件下，有“日出而作，日落而息”的说法，劳动在前，生活在后，秩序不能颠倒。自工业化以来，更多的劳动者脱离了土地，按照职业要求来安排生活，表现得更加明显。

通常一天中最好的时间段留给工作，剩下的“边角料”才留给生活，双休日因此显得宝贵，节假日更为人所珍惜。自从有了电，夜晚工作成为可能，部分人甚至过着颠倒生物钟的生活，白天睡觉，晚上工作。在某种意义上，社会发展的标志是劳动的重要性不减，生活仍然排在第二位，但劳动时间减少，闲暇时间增多，人有更多的时间可以自主安排，过想过的生活。

劳动决定时间安排，很大程度上也就决定了生活的内容。在劳动节奏慢的传统社会，生活节奏也慢，人们享受的生活内容相对单一。生活节奏加快是因为劳动节奏加快了。大规模使用机器之后，劳动不再按照人的节奏，而是按照机器的节奏来运行，流水线的速度决定了工人的动作频率，劳动者成为机器的“外挂”。美国著名喜剧演员卓别林有一部经典的作品《摩登时代》，其中的主角因为流水线上过度紧张的劳动，而心智失常、动作走样，闹出不少笑话。喜剧免不了夸张，但生活中绝对不缺少这样的原型。

拓展阅读

《摩登时代》：笑中带泪的讽刺剧

《摩登时代》是查理·卓别林（Charles Chaplin）导演并主演的一部经典喜剧电影，于1936年2月25日上映。该故事发生在美国20世纪30年代经济萧条时期，工人查理（卓别林饰）在工厂干活、发疯、进入精神病院，这一切都与当时的经济危机给人们带来的生存危机有着密切的联系。

20 世纪 30 年代的美国处于经济萧条时期，失业率居高不下，工人受尽压榨，成了大机器生产中的一颗螺丝钉。《摩登时代》描写了当时工人严重的失业状况，卓别林尖锐批评了以福特汽车公司为代表的现代工业流水线，向人们辛辣地展示了资本主义的大机器工业时代对人的戕害。他扮演的工人，即那个经典的小个子流浪汉，在流水线上被迫以不断加快的速度重复拧紧螺丝的单调动作，最后因此精神崩溃。在电影里，工人的吃饭时间都被苛刻地计算，以至于工厂设计了喂饭机器来提高效率。精神错乱的小个子流浪汉使得整条流水线都停顿下来了，并因此失业和流落街头。

（来源:《北京青年报》，2015-03-08，有删改。）

今天，由于生产效率不断提高，大量工作被机器代替，尽管劳动节奏未必放慢，但劳动时长确实大幅度减少了。1886 年 5 月 1 日，美国芝加哥 20 多万工人为争取八小时工作制而举行大罢工，经过流血斗争，取得了胜利。1889 年 7 月 14 日，在巴黎举办的国际社会主义者代表大会一致同意将 5 月 1 日定为国际劳动节。1949 年 12 月，成立不久的中华人民共和国中央人民政府把劳动节定为法定节假日。100 多年过去了，现在许多国家包括中国都用立法的形式，规定每天工作时间不超过 8 小时、平均每周工作时间不超过 40 小时，有些国家甚至更少，比如瑞典就实行 6 小时工作制，这样一来闲暇时间不断增多，人有更多的时间可以留给生活。

图 2-5-1　1886 年 5 月 1 日芝加哥工人大罢工

图 2-5-2　1889 年 7 月 14 日第二国际大会

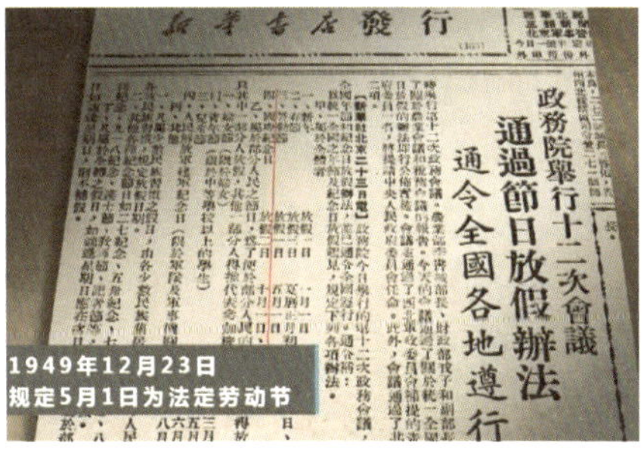

图 2-5-3　中央人民政府把劳动节确定为法定节假日

拓展阅读

“五一”国际劳动节

1889 年 7 月 14 日，由各国马克思主义者召集的国际社会主义者代表大会（即第二国际）在法国巴黎隆重开幕。与会代表一致同意把每年 5 月 1 日定为国际劳动节。这一决议得到世界各国工人的积极响应。1890 年 5 月 1 日，欧美各国的工人率先走上街头，举行盛大的示威游行与集会，争取合法权益。从此，每逢这一天，世界不少国家的劳动人民都要集会、游行，以示庆祝。

（来源：上海科技党建网，有删改。访问日期：2022-03-25。）

随着闲暇时间增加，越来越多娱乐活动被开发出来，人类的生活内容得到极大丰富，从体育赛事到电影电视，尤其是被称为“肥皂剧”的电视连续剧应运而生。移动互联网普及之后，一部手机“霸占”了人们可观的业余时间。

课堂案例

短视频成为“杀时间”的第一“利器”

中国美好生活大调查显示，2020年中国人每天多了24分钟休闲时间在手机娱乐里，短视频、游戏、影视剧是“杀时间”的三大“利器”，其中短视频占第一位，成为“杀时间”第一“利器”。

【案例评析】“杀时间”的三大“利器”无论是短视频、游戏还是影视剧，它们的流行，不仅是因为它们本身是劳动创造的产物，更重要的是它们帮助人们消耗不断增加的闲暇时间。

（二）劳动改变生活方式

随着劳动工具的升级迭代，闲暇时间不断增多，各种“杀时间”的“利器”被开发出来，生活内容也越来越丰富。尤其是移动互联网普及之后，一部手机以原子化的方式渗透到生活的方方面面，在丰富人们生活内容的同时，也极大改变了人们的生活方式，包括人们的消费方式、交往方式和娱乐方式。移动互联网催生了新的消费方式和支付方式，网络购物、移动支付等打破时间、空间的限制，人们可以随时随地消费，手机购物日益流行。手机也在很大程度上改变了人们的交往方式，日常生活中不难看到近在眼前仍然需要通过互联网进行交流的生活场景。手机还改变了人们的娱乐方式，手游、短视频等日益流行，人们的娱乐方式也呈现出越来越明显的碎片化和移动化的特征。

拓展阅读

当代大学生已成“掌上生活”一代

2018年，中国高校传媒联盟向全国100多所高校的1021名大学生发起问卷调查，数据显示，近八成受访大学生每天使用手机的时间超过3个小时，受访大学生中有10.87%表示每天使用手机的时间超过10个小时。

对以“95后”为主的当代大学生而言，互联网和移动互联网并不陌生，他们可以说是典型的“掌上生活”的一代。中国高校传媒联盟的调查数据显示，64.84%的受访大学生认为自己花费在手机上的时间是值得的，63.37%的受访大学生表示会利用手机学习知识和处理工作。对他们来说，互联网已不仅仅是一件工具，更是一种重要的生活方式。

早上被手机设置好的闹钟叫醒，在去上课的路上打开手机App背诵单词，下课后去食堂买午餐，并用移动支付完成，这是大三学生陈晓的日常。“我的生活已经离不开手机了，手机为我提供了便利，动动手指就能完成很多事情。”她说。

“刷微博就是看世界”，李瑞不仅通过微博了解时事热点、学习美妆教程等，还知道了一些个性张扬的博主，领略了不同的人生。但李瑞很清楚，自己在手机上花费的时间并不能帮她靠近自己想要的生活，她每天隔着屏幕给别人的生活点赞，也深知自己与偶像的差距绝不只是手机屏幕。

汪蕾喜欢看短视频。“我觉得人们都需要看那种一下戳中自己笑点的东西，通过大笑快速释放压力。比如课间 10 分钟，看几条短视频，可以放松一下。”汪蕾是一个短视频 App 的忠实用户，经常在课间刷短视频。空闲时，甚至一看就是几个小时。

手机是一把“双刃剑”，如果大学生能更好地发挥手机的正面效应，手机就能帮助大学生获取信息，为大家上网学习提供便利。

（来源:《中国青年报》，2018-09-17，有删改。）

随着闲暇时间的增多，人们的生活内容得到极大丰富，生活方式也发生了极大改变。劳动之创造生活，远比单纯收入增减对个人生活水平的影响要更深刻、复杂。

（三）生活改变劳动形态

劳动改变生活内容，反过来，生活也改变了劳动形态。现在，越来越多的人不是从事物品生产，而转向服务业尤其是娱乐业，他们的产出不以提供给社会多少物质财富来衡量，而以帮助消费者消耗掉多少时间来衡量，娱乐性是他们推销商品的首要属性。以物品消费为主的零售模式正迅速被以过程消费，也就是时间消费为主的模式所蚕食，上“网红店”门前大排长队，就是一个颇为形象的写照。从专卖店、旅游、网络游戏、短视频，到直播带货，背后都是劳动创造生活的当代表现。今天年轻人的生活既由物质生产的效率所决定，也由娱乐产业的创意所决定。如果没有物质生产效率，温饱都难以解决，再好的娱乐也无人问津；如果没有娱乐生产创意，温饱解决后，闲下来的人们则难免为无聊所困。

相对国内生产总值（GDP），现在有了一个新的指标，国民时间总量（GDT），指的是一国居民可以用于消费的时间总量，而不是金钱总量。关注就是资源，流量就是财富，在一国相对稳定的 GDT 中，某种媒体形式或者广告场合占有的时间比例越高，代表其在市场上越是成功，而决定 GDT 的关键因素，正是劳动的变化所带来的必要劳动时长减少。

近年来，高职院校开设的专业和课程出现不少调整，一些专业或课程消失了，新的专业或课程出现了，电子商务、直播带货、短视频制作等，吸引了不少学生，创新创业教育更是广受欢迎。

新劳动形态无论给人多少意外，根本上都脱不开满足人们需要这一劳动的基本属性，即便在互联网世界里，不想辛勤付出，没有精心设计和新颖创意，缺乏稳定的交付能力，也不可能聚集人气，“躺着赚钱”终究只是白日梦。以电子竞技为例，它是电子游戏比赛达到“竞技”层面的体育项目，作为职业化运动，是如今新劳动形态的一种体现，与大学生平时玩的电子游戏根本不是一回事。

对于劳动创造生活，高职学生需要加深认识。

首先，有什么样的劳动就会有什么样的生活，每一种生活背后都有劳动者做出的贡献。

其次，劳动创造生活，生活同样会创造劳动。不是单纯享受生活，而是在新的生活内容和生活方式出现后，寻找背后的劳动机会，这是个人走向职场成功的重要经验。

最后，无论生活如何变化，劳动的基本原理不变。“一分耕耘，一分收获。”羡慕“网红”可以理解，但如果忘记自身努力，沉溺其中，事情就会变得难办。

生活从来具有两面性，一个人购买的物品或服务，就是另一个人的工作机会。“网红”的流量来源于众多消费者消耗的时间，如果控制不住自己，把过多的时间贡献给别人做流量，留给自己的时间自然少了，假以时日，不要说走红无望，最后难免由于缺乏一技之长而陷入就业困难、生活困顿的尴尬境地。

思与悟

今天的大学生应如何适应劳动形态和生活形态的新变化，从中找到更多发展机会？

要给自己安排一个理想的生活，必先从学习和劳动开始。

六 家庭生机的守护者

扫码观看微课视频

家庭是人诞生的地方，也是人选作安顿人生的地方；家庭是人寄放情感的地方，也是人托付未来的地方。对于中国人来说，家庭是一个经济共同体，一个利益共同体，一个情感共同体，在最本质的意义上是一个劳动共同体，其中不仅有生产劳动，还有家务劳动。

劳动创造家庭，劳动守护家庭。

（一）劳动，家庭生活的基础

对于普通家庭来说，生产劳动和家务劳动都是必不可少的。没有生产劳动，家庭没有收入，难以维系；没有家务劳动，家庭成员的正常生活就会受到影响。

在人类历史上，家庭首先是一个生产单位，家庭关系内含着财产关系，从“男耕女织”的分工模式和以此为基础建立的夫妻“同居共财制”，即婚后财产夫妻共有的制度安排上，可见一斑。工业化带来了生产劳动的社会化，到专门的生产单位上班，成为人们的选择，家务劳动逐渐成为家庭内部劳动的主体。

近年来，随着互联网的普及和弹性工作制的出现，居家办公兴起，工作重归家庭形成势头。反过来，家务劳动则开始表现出社会化和专业化的趋势，如网购净菜、点外卖吃饭等，家教的含义也从原本的家庭教养变成专指培训教师来家里给基础教育阶段的孩子辅导作业，连整理家中杂物也被交给职业人士来打理。

拓展阅读

家政整理收纳师成为新工种

2021 年 1 月 15 日，人社部公布了一批新增的职业工种，家政整理收纳师就是其中一种。据了解，整理收纳师最早起源于美国，1985 年，随着人们的思想观念的变化与对方便快捷生活的渴求越来越旺盛，五名女士创办了第一个职业整理师协会，这标志着家政整理收纳师的诞生。到了 2005 年，整理收纳师进入日本，深受当地人们的欢迎，并在一两年内迅速发展壮大，成为日本最受欢迎的职业之一。到了 2016 年，整理收纳师进入我国，从此，我国家政服务业又添了一位新成员，不过当时并没有形成职业体系，人们对该职业的认知仍然不足，直到 2018 年，在北京、上海、广州等城市，整理收纳师才开始“火起来”。

很多人将整理收纳师归于保姆的范畴，但家政整理收纳师并不是简单的替顾客收拾房间，而是通过合理规划，将物品放在顾客需要的位置，以便取用。同时，整理收纳师需要有一定的艺术修养和独特的思维方式。他们不仅在为客户整理物品，也在为客户整理心情。

正常情况下，整理收纳师上户收取的费用在几千元到几万元，按照一个月整理两户计算，一名整理收纳师的月收入可达上万元。业内人士认为，人社部认定整理收纳师这个工种后，会制定一些相应的职业技能标准，从业人员能学习到更专业的技能并接受考核，这样一来，一定会吸引更多的年轻人把整理收纳作为新的职业方向。

（来源：央广网，有删改。访问日期：2022-03-25。）

家庭内发生的劳动内容和劳动形态的变化，既反映了社会分工和产业划分的变化，也影响了家庭内部的人际关系。新兴的家庭关系不但要求夫妻和其他家庭成员处理好生产性劳动，为共同生活奠定坚实的经济基础和情感纽带，也要求各方正确对待家务劳动，开发其潜在的功能，以建设温馨和睦的家庭关系。

（二）家务劳动的价值

从理论上说，无论生产劳动还是家务劳动都是有价值的，应当得到承认。由于家务劳动的价值是隐性的，因此很容易被家庭成员所忽略。

事实上，家务劳动对家庭而言必然是有价值的。一方为家庭担负了较多的义务，甚至牺牲了自己的发展机会。恰恰是因为一方为家庭的付出，另一方才能安心地在外打拼，乃至提升个人能力、增长学历等。

构建和谐家庭关系，离不开科学安排家务劳动。

（三）劳动，从做家务开始

对于大学生来说，从小接触家务劳动不仅对培养劳动能力、养成劳动习惯大有裨益，而且影响其未来的家庭生活。开学季，新生报到时，旁边常有家长全程陪护，从铺床、

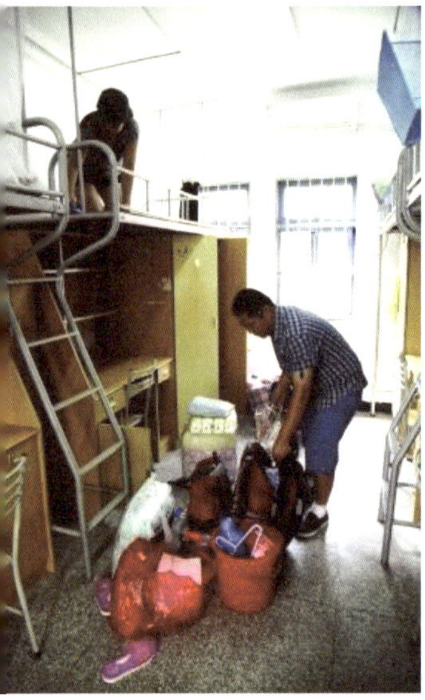

图 2-6-1　开学季的劳动“包圆”

放置衣物，到打扫卫生，家长把能做的都“包圆”了。要是问家长如此呵护所为何来，得到的回答肯定是：“孩子不会做。”从小“饭来张口，衣来伸手”的优裕生活，使得部分大学生缺乏生活自理能力。

独生子女在成长过程中备受父辈和祖辈宠爱。家长不仅舍不得让他们吃一点苦，而且常常过于关注他们的学业成绩，好像做家务就会挤占学习时间。大学生自己也误以为家务劳动技术含量不高，可以无师自通，好像什么时候想学就可以学，不怕学不会。各种因素作用下，大学生进入校园，开始半独立生活，但料理生活的能力远远跟不上。

其实，在个人成长最快的童年阶段开始培养做家务，不但容易掌握，效果更好，还有助于提高身体各部位的协同性，实现身心协调发展。过了这个阶段，即便花费很大力气，“笨手笨脚”的模样也很难改变。犹如学习语言，幼儿对母语的习得很轻松，而等上学之后学习第二语言时，花费大量时间精力，效果还不尽如人意。做家务，同样要趁早！

习近平总书记历来重视家庭建设，他在 2016 年 12 月 12 日会见第一届全国文明家庭代表时指出：“家庭是社会的细胞。家庭和睦则社会安定，家庭幸福则社会祥和，家庭文明则社会文明。”对中华民族来说，家庭被寄寓最神圣的价值，无数小家汇聚成国之大家，家庭成员之间的维系酿成了最醇美的情感，构成文化传统的核心。要保存和保护这弥足珍贵的文化资源，每个人既要坚守家庭价值观，也要从家务劳动开始，丰富共同生活内容，强化家庭关系纽带，如此才能永享亲情与温馨，实现“小家筑就大家”的美好未来。

思与悟

你怎么看待未来婚姻生活中的家务劳动分工？

七　人生实现的助推器

扫码观看微课视频

劳动创造人类，也创造每个活生生的人。

为了向自然要收获，农民必须按时令精耕细作，勤劳的人由此诞生；为了对生命负责，医生必须认真诊断和精细手术，严谨的人由此诞生；为了让消费者接受商品，销售员必须与不同的人打交道，善于交际的人由此诞生；为了确保稳定的交货，自由职业者必须自我设定目标，严格执行计划，自律自强、自我驱动的人由此诞生。

一个人从事什么样的劳动，就会成为什么样的人，只要善加利用，劳动就可以成为人生的助推器。

（一）不可逃避的人生环节

对大多数人来说，劳动是取得生活来源的重要甚至唯一手段，遵纪守法，努力工作，有一份不错的收入，过上体面日子，这没有问题。问题在于如果把劳动仅仅看作谋生手段，只要有钱在手，就不想工作，那么最后就容易走上岔路。

现实生活中也存在这样的情形：一边为维持生计，不得不工作，却心不甘情不愿，敷衍了事，度时如年；一边总想着各种“天上掉馅饼”的好事，凭空中个大奖、莫名成为“网红”、结婚攀上高枝，从此可以“少奋斗几十年”。如此迷思在一定范围内还颇有市场。

让人意外的不是真有人一夜暴富，而是最后结果多半演成了悲剧。

2003 年，某市民连着两次中 500 万大奖，这样的中奖概率只有千万分之一，可谓是被幸运眷顾。中奖之后，他买了房，到处为亲戚朋友买单，买最贵的衣服，住最贵的酒店……不但很快把奖金花得干干净净，还把自己二十几年的积蓄也搭了进去，最后个人经济状况还不如中奖之前。

这样的“幸运者”在全世界不是个例，其今不如昔的结局也不是个例。这里的关键不在于钱财多少，而在于钱财获得的过程。如果个人通过劳动或其他努力积累起这笔财富，那么伴随财富增加的不只是个人挣钱的能力，还有“花钱的能力”，支配财富显然不会成为问题。反过来，巨额财富突然降临，个人没有任何素质准备，超出他支配能力的财富很难带来幸运，更容易酿成悲剧。坐吃山空，巨款总有用完的一天，而在这个过程中养成的挥霍习惯，让他不但赔进去多年积蓄，还把原有的生存技能和工作心态也一并抛弃了。“由俭入奢易，由奢入俭难”。花钱如流水之后，如果收入有限的职业再难引起他的兴趣，又没有其他技能的话，最后连维持原有生活水平都不可能了。

劳动创造财富，不只是外在的物质财富，更有内在的精神财富，包括价值观和能力。

（二）过一种有意义的生活

劳动带来收入，通常情况下也就是钱。然而同样的一张钞票，在不同人的眼里却有着不同的意义，反映出不同的情感和观念。劳动决定钱财对人的意义，这是劳动助推人生实现的深一层含义。

以前有一种说法，把辛勤劳动所得称为“血汗钱”或“肉里分”，表达的是风里雨里、流血流汗攒下的每一分钱，都值得珍惜，舍不得乱花。看看身边，不难发现，“50 后”和“60 后”老人即便颇有积蓄，仍保留勤俭节约、艰苦朴素的生活习惯，因为他们对“一粥一饭，当思来处不易；半丝半缕，恒念物力维艰”的道理有着切身体会。

相反，有些年轻人还没工作，但花起钱来大手大脚，还对父辈的节俭颇感费解：“何必如此委屈自己？”其实，“啃老”的年轻人往往没有意识到，自己之所以能潇洒花钱，一则因为父母舍不得花，留给他们花；

图 2-7-1　打满补丁的裤子

图 2-7-2　修补脸盆

二则没体验过劳动艰辛，不知血汗付出的代价。在他们眼里，钱只是一个抽象概念，除了作为价值符号和一般等价物，没有其他意义，所以花起来不心疼。张口要钱，来得容易，去得也随便。老话说“富不过三代”，还有“创业容易守业难”，背后既有劳动造就人的道理，也有劳动创造意义的道理。

对于大学生来说，要养成正确的金钱观、良好的生活方式和合理的消费习惯有多种办法，其中最重要也最有效的办法是参加劳动，从家务劳动、社区劳动、校园劳动、勤工俭学，最后走上工作岗位，在劳动中体验生活意义和人生价值，养成珍惜劳动机会和劳动成果的情感，树立艰苦奋斗、自食其力的精神，进而把握人生命运，促进自我成长。

拓展阅读

45 名大学生挑战“一元钱过一天”：感慨赚钱不容易

2018 年 4 月 1 日，45 名来自安庆师范大学绿源环保协会的成员上交了手机和多余的钱后，走上安庆市街头，开启了自己的“一元钱生存体验”。

下午 4 点半活动结束，拖着疲惫的身体回到学校后，同学们在一间空教室里开始了经历分享会。分享会上，“赚钱真的不是一件简单的事”，是同学们最多的感慨。经历了被怀疑、被拒绝和多次碰壁，金融工程专业 2017 级的陈聪觉得，自己明白了生活的艰辛与不易。翻译专业 2017 级的周玲说：“平时我们都在父母的荫庇下成长，很少意识到父母不容易，有些事通过自己亲身体验才能理解。”

（来源：《人民日报》，2018-04-05，有删改。）

劳动成就人，并非虚言。

（三）锲而不舍，必有回响

说到劳动成就人，有些人总是错误地认为做成轰轰烈烈大事的人才算有成就，而多数劳动者根本没有这样的机会，一没机遇，二没资本，再努力也成就不了多大事业。

今天的劳动通常发生在职场上，每个职业各有其领域、局限和成长空间。有些职业看上去似乎不需要什么技能，也没有多大提升空间，再努力，也能一眼望到退休的那一头。于是人们往往认为干得再好，无非如此，成就不了自己。

比如，做一个门童，进进出出时，给客人开个门，问个好，以礼相待，如此这般，好像已经做到极致。其实未必。国内多次报道过，企业保安利用空余时间刻苦学习，最后考上大学，走上更有技术含量的岗位。与此同时，还有一些普通人在平凡的工作岗位上铸就不平凡的人生。在一家企业里有这样一个门童，他 35 年守着一个岗位，真把工作做到了出类拔萃。

拓展阅读

佳士得的门童是如何以副总裁身份退休的？

吉尔·佩雷兹出生于纽约布鲁克林，他一直在做保安、守仓库。当得知佳士得公司有一份门童的工作后，他就来应聘。经过选拔，他从众多应聘者中脱颖而出，成为世界著名的拍卖公司里一位穿着制服为客人拉门的门童。

怎样才能做好这份工作呢？他想，每一位进入公司大门的都是极其重要的客人，只有令他们感到备受尊重、宾至如归，他们才会更喜欢自己并愿意常来吧。于是，他找来所有报纸上的名人，把他们的照片和介绍剪下来，贴在家中的墙上，每天上班时在地铁上复习，晚上回家让妻子考他，再有不认识的人就问同事……这样，每天他总是能够笑着拉开大门："啊，肯尼迪夫人，您好！""安迪·沃霍尔先生，我们一直在等您哦！"

有一天，公司要在伦敦举办一次重大活动，需要一位能够认识所有艺术家、重要客户和名人的接待者，而除了这位门童，全公司竟再也找不出一个这样的人来。于是，公司邀请他的妻子与他一同前往。

日复一日，年复一年，吉尔在佳士得门童岗位工作了 35 年。当他退休时，公司为他举办了盛大的酒会，并宣布他将以公司副总裁的身份和待遇退休。

（来源：搜狐网，有删改。访问日期：2022-03-25。）

可见，只要能用心做好一件事，锲而不舍，再普通的职业也能成为个人成长的舞台。也许有人会说，门童会成功是因为他占据着大公司的优势，否则绝不可能接触到那么多名人。外在条件固然重要，但如果没有工作中的用心，接触到再多名人，无非萍水相逢，点头之交。劳动成就人，但最后成就一个什么样的人，还看个人怎么努力。在一个被认为毫无技术含量的岗位上，做成一个技术含量如此之高的职业人，这既是劳动成就这个人，也是人成就这份劳动。

（四）争取职业选择的主动权

今天的年轻人喜欢说"我命由我不由天"，希望职场的自由度更大些，这本身没有错。但职场不是游乐场，有自己的规则，所以真正的职场自由不是个人的随心所欲，而是类似孔子说的"从心所欲，不逾矩"。在遵循职场规则的前提下，寻找个人最大的发展空间，这是职业人生的境界。对于今天的大学生，未来的职业人来说，只要在职一天，就应发自内心地"干一行，爱一行"，保持耐心细致，踏踏实实，兢兢业业，力争做到出类拔萃。以这样的态度从事任何一项职业，不但能把手上工作做到尽可能完美，为未来从事其他工作奠定基础，还能加深工作体验，领悟超越经济收入的劳动意义，在职业生涯中，始终保持心情舒畅，实现高质量的人生。

拓展阅读

既要工作，也要诗和远方——看年轻一代的职业选择（节选）

某职业社交网站发布的“第一份工作趋势洞察”显示，职场人第一份工作的平均在职时间呈现出随时代明显递减的趋势。“70后”第一份工作的平均在职时间超过4年，“80后”则是3年半，而“90后”骤减到19个月，“95后”只有7个月。

有专家认为，“闪辞”这一行为在青年群体中的频发，也是一种潜在的风险和隐患。

“理性的辞职或跳槽能增强工作技能和环境适应能力，是人力资本投资的一种形式，有利于青年的职业发展。而‘闪辞’主要体现为工作时间较短而频繁辞职，更多的是基于感性和一时冲动，不利于工作经验和人力资本的积累。”黄敬宝指出，“草率辞职后，如果没有再就业机会，就面临较大的失业风险，可能失去收入来源和生活保障。”

年轻人追随自己的意志自由选择虽好，但同时也要积极调整心态，努力主动去适应职场。当代青年要努力适应工作中可能遇到的压力与问题，积极面对工作中可能遇到的挫折，在选择“逃离”之外，也要努力实现职场生活的自洽。可以辞职，但要经过深思熟虑，而不能仅靠冲动。

（来源:《人民日报（海外版）》，2021-02-01，有删改。）

塑造个人，成就人生，劳动最伟大！

思与悟

如何在劳动中实现自我的人生潜能?

八 劳动，终极的能动者

劳动最伟大的地方在于有能力自我推动、自我创造、自我迭代，进而拉动人类历史发展。在人工智能时代，劳动自我迭代达到了前所未有的高度。未来的职业人要想赢得智能机器普及所带来的挑战，必须紧紧跟随劳动自我创造的节奏，找准自己在人才市场上的定位。

扫码观看微课视频

（一）需要驱动劳动

劳动本是用来满足人类需要的活动。自然产生的物品在数量、质量和多样性上无法满足人类的需要，人只有通过劳动，创造出自然无法给予的物品，来满足自己。需要是劳动的终极推动力。

奇妙的是，人的需要与动物需要的最大区别在于，动物只追求需要的满足，一旦满足了，不会有进一步的需要。而人在原有需要满足之后会不断产生新的需要。饿的时候，只要能吃饱就行，而一旦吃饱，就有吃得更好的需要。这个“更好”永远没有穷尽，从食材向营养烹饪、餐具、餐室乃至礼仪不断推进，饮食文化由此蔚为大观。

新的需要往往要求用新的劳动来满足。于是，新的劳动内容和新的劳动形态源源不断地产生出来。从满足物质需要的劳动到满足精神需要的劳动，从专注于产品需要的劳动到专注于服务需要的劳动，从针对花钱需要的劳动到针对花时间需要的劳动，其中花时间的需要又被称为“闲暇”，体育比赛、健身、旅游、电子游戏等都属于这一类。因为需要总在变化，所以劳动也总在变化。反过来也可以这么说，正因为劳动总能通过改变自身来满足人类需要，人类需要才得以保持不断更新。需要和劳动是一对相互推动的闭环。

（二）以劳动走出劳动

推动劳动进化的人的需要是形形色色的，其中，最根本的、内在于劳动自身的是把人从劳动中解放出来的需要。劳动是人类克服自然阻碍、实现自身目的的做功，在这个过程中，人类有主动、主导的一面，也有被动、服从的一面。人类可以改变自然，但只能以自然认可的方式，即遵循自然规律才能够改变自然。虽然无论主动还是被动的一面，都有贡献于成就人类，但对于人类来说，放大主动一面，缩小乃至最终摆脱被动一面，实现相对自然的完全主动主导，意味着完成了从必然王国进入自由王国的历史进程。

劳动既是主动的，又是被动的，这种双重属性反映在现实的劳动场景中，就是人类在努力追求劳动成果和劳动效率的同时，尽其所能地寻求摆脱各种辛苦、繁重、乏味、危险的劳动，以解放自己。这个过程在工业化开始之后大大加快了。

发端于英国的第一次工业革命开创了以机器代替手工工具的时代，蒸汽驱动代替了人力和畜力驱动。

第二次工业革命推动世界由“蒸汽时代”进入“电气时代”，实现了机器和动力源的大空间配置。

第三次工业革命最具划时代意义的是电子计算机的迅速发展和广泛运用，开辟了信息时代，数据成为堪比能源的重要资源。

初露端倪的第四次工业革命则将开启智能化的大门，相对简单的部分脑力劳动面临被替代的局面。

纵观人类发展史，每一次重大的科技和产业革命，都是由把人从劳动中解放出来的需要所驱动的。这是劳动自我进化的最深层次的动力源。

（三）跟随劳动迭代

为摆脱原有劳动而进化出全新的劳动，劳动迭代的结果必然伴随劳动者的迭代。

劳动迭代指的是原有的劳动形态被新的劳动形态所替代。而为了适应劳动形态的变化，新一代劳动者会产生，老一代劳动者可能消失或转行。在劳动形态的迭代中，劳动者也实现了迭代。

历史上，伴随汽车普及，马车夫消失了，养马产业转型了，而专业驾驶员则不断增加，汽车生产、销售和维修人员进入现代产业队伍。

电子商务崛起后，有的商店里客流稀少，营业员面临裁员的危机。与此同时，快递员在街头大量出现，生产纸箱、胶带的企业产量暴增，职工扩员。为了解决消费者网上购物无法全方位感受商品的问题，带货主播也成为一种新型潮流职业。《中国电子商务报告 2020》显示，2020 年全国电子商务从业人员达 6015.33 万人。

模具设计与制造是一个高技术含量的工种，要成为一个高超的模具工需要大量的学习和培训。随着 3D 打印技术的成熟，大量工件无需浇铸就能成型，模具制作和切削加工的需求大为减少，虽然相关技术不会完全被淘汰，但由于市场需求被压缩，相关工种的劳动者不得不转行。反过来，对于 3D 打印技术的研究和相关设备的制造的需要，则提供了新的岗位，只是容纳的劳动者多半不是被淘汰的模具工和车工。

在技术发展速度越来越快的当下，未来的劳动者必须对可能进入的行业有前瞻思考，做好职业规划。在努力学好专业的同时，视野拓宽些，眼光看远些，知识复合些，技能多元些，这样才能在劳动迭代、岗位更新的潮流中占得先机。

图 2-8-1　传统模具制造

图 2-8-2　3D 打印

（四）机遇与挑战：智能时代的劳动者

就促进劳动迭代而言，人工智能技术可能给劳动者带来前所未有的冲击。

劳动是人类双手和大脑的结合，而劳动发展史展现出从以取代双手为主转向以取代大脑为主的深刻轨迹，其直观表现是从制造简单工具到简单机器，再到复杂机器乃至全自动、智能化装备。

传统的自动化设备能按照人的指令，做出规定的动作，生产出符合需求的产品，大幅度减轻了人类的劳动负担。装备人工智能后，机器可以利用各种传感器，自己收集数据，借助工程师设计的算法，建立数学模型，进行数据分析，形成决策，发出指令，驱动机器设备，达成预定的目标。机器在接受指令和完成任务的过程中，具有很大的自主空间，甚至可以脱离人的直接指挥，使得人无法解释机器决策的由来，而只能从最后结果上判断智能机器的决策和行动合理与否。

未来智能机器的发展主要有两个方向。其一是进一步取代人的双手，据报道，手术机器人已经有能力在葡萄皮上缝合裂口，而脑机接口技术允许意念指挥机器，连摁按钮这样的动作都会被取消。其二是进一步取代人的大脑，如在股市上进行量化交易，在医院里根据镜像资料做出诊断，在法院里帮助法官进行案件裁判，为媒体写作新闻报道，甚至独立开展科研。可见，不仅是传统的手工劳动，传统的脑力劳动也面临被智能机器取代的可能。

拓展阅读

全球首个AI合成女主播上岗了！

新华社联合搜狗公司于2019年3月在京发布全新升级的站立式AI合成主播，并推出全球首个AI合成女主播。这是继2018年双方联合发布全球首个合成新闻主播以来，人工智能与新闻采编深度融合的最新突破性成果。

作为新华社的新员工，AI合成主播上线后立即投入新闻报道并实现量产，截至2019年3月已播报新闻3400余条，累计时长达10000多分钟，参与了包括第五届世界互联网大会、首届进博会等重要报道，是助力新华社新闻生产的新生力量。据AI合成主播项目负责人齐慧杰介绍，此次升级在声音和图像两大引擎上有了较大的优化和突破，用户的新闻视听体验也进一步增强。

（来源：新华社，2019-03-03，有删改。）

今天的高职生，未来的职业人将直面人工智能技术给就业市场带来的冲击，正确认识劳动的意义和价值，准确预见劳动形态的历史走向，把握自己作为劳动者的命运，是一门必修的功课。

为了应对智能机器的挑战，未来的劳动者需要找到机器的短板，发挥人类的长处，确保自己的无可替代。

机器取代人遵循两条基本原则：一是无论从效率、质量还是成本考虑，人做得确实不如机器，机器取代人在经济上是合算的；二是无论从繁重、辛苦还是风险的角度考虑，人不愿意做的工作，机器取代人也是劳动者乐于接受的。

未来留给人类的劳动将主要存在于这两条原则围合而成的区域内。其中最有可能的是下列场合：

今天许多装配作业已经实现全自动化，而在一些机器不方便的角落，需要更具柔韧性的工人手动操作。

人工智能离不开大数据，而在数据不足、依赖常识和经验及需要灵活应对的场合，劳动者更有优势，可以确保自己的岗位不被机器取代。

在人工智能的帮助下，机器表现得越来越“聪明”，但真要“善解人意”，还得依靠人自己。在需要人文关怀的场合，劳动者有更多的机会。

人物事迹

叶辉：比精密机器精准十倍的航天研磨师

研磨，这种利用金属间摩擦作用进行的手工加工方法，被称为钳工中的最高精度的加工技术，它靠的就是研磨师的一双手。目前，最先进的机器加工精度只能到0.5微米，而靠着两块铁板和少许研磨砂，叶辉能将精度提高到0.05微米（即50纳米）。这已是现在的检测手段所能测出的最高精度。

曾有一个零件精度要求极高，国内没有研磨师敢接这个烫手山芋。于是国外的嘲讽甚嚣尘上——“中国永远也做不来这样精度的零件”。“说我不行可以，说中国不行，那不成。”当厂家辗转找到叶辉时，他二话不说接下这活。拿到零件后，叶辉也有点发愁，形状如此复杂、精度要求极高的零件，是他从未遇到过的。在零件面前坐了三天，他迟迟没有动手，只是静静打量。就在所有人以为叶师傅要放弃的时候，他开始了研磨。“要先把自己静下来，做到心中有数，没感觉的时候宁可不动手。”加工好的零件被送到国外进行测量，结果显示，精度等级比要求的还要高一倍。

作为研磨师，叶辉的另一项重要工作是研磨量块。量块是长度基准，航天产品对精度要求十分高，因此量块的精度也更高。叶辉所在的单位有一套统一的量块，支撑着全院的科研生产。由于使用过程中不可避免的磨损，在一次送上级单位检验时，二院量块的一项指标超出标准。启用新的基准量块会使得院里整个生产进度至少耽误半年。如果修理不到位，这套量块就相当于直接报废。因为修理精度只有几十纳米，单位中量块检测机构的维修人员不敢挑战，重担又一次落到叶辉的肩上。他依然观察了整整三天。三天之后，叶辉把自己关在屋子里，屏气凝神开始研磨。安静的工作间里只有金属摩擦的声音。最终，经过他维修的基准量块以高精度完成了检测。

（来源：央广网，有删改。访问日期：2022-03-25。）

人工智能虽然表现出一定的智能水平，但仍不具备从事原创性工作的能力，其智能与人类智慧无法相提并论。所以，培育自己的问题意识，增强批判性思维，保持创新创意的能力，是未来劳动者面对机器立于不败之地的根本保证。

拓展阅读

人工智能不会取代人类，只会让人更智能

1997 年“深蓝”打败象棋世界冠军时，就有人说“人类会被计算机取代”。但后来，人们开始跟电脑下棋，结果变成更好的棋手。在医疗领域，医生在转移性乳腺癌的淋巴结活检切片图像上的判断，直接关系病人的生命。一个经过训练的深度学习网络能达到 0.925 的判断准确率，仍不及人类专家在同一测试上达到的 0.966。如果把深度学习和人类专家的预测结合起来，准确率就能达到 0.995，可以说几近完美。这表明在未来，人类与机器将是合作而非竞争关系。

（来源：人民网，有删改。访问日期：2022-03-25。）

不管未来机器取代人达到什么程度，有一点是肯定的：劳动作为人类实现自我的手段，永远具有不可替代的人文意义。把一切交给机器，自己从此进入依赖甚或寄生的状态，不是人类最后的归宿。为了保留人的主体性、独立性和尊严，必须保留劳动，保留劳动者的身份。因为真正的劳动，是人本质属性的彰显，是人全面自由发展的根本条件，是人类社会进步的根本动力。

思与悟

在智能时代，你比机器强在哪里？

■ 第三篇章

劳动最崇高

■ PART 3

引　言

崇高是一种具有道义性质的高贵情感。一个人做出了符合甚或超出社会道德期待的行为，唤起他人强烈的敬仰感，称之为崇高。

崇高既涉及人的行为动机，也关系到行为结果。丰功伟绩当然崇高，但事情虽小，境界不凡，也可以进入崇高之列。古人说："勿以恶小而为之，勿以善小而不为。"善恶不以结果大小作为评判标准，崇高同样如此。

劳动最崇高，因为劳动是社会对每一个健全成员的最低期望，也是最高期望。人人都不劳动，社会无法存在；在有劳动能力的人中间，有人劳动，有人不劳动，不劳动的人依赖劳动的人为生，也不是好的社会。人人各尽所能，自觉劳动，不依赖他人，不做社会的寄生虫，方为人类理想社会。

劳动有巨细之分，但劳动的意义却不因大小而定。有道德心、责任感的劳动者，可以在环境的作用下，将细微小事做到极致，成就轰轰烈烈的事业。

责任所在，劳动崇高！

一　自食其力，责任担当的成年礼

扫码观看微课视频

时代呼唤人才，高职培养人才。俗话说“成才先成人”，而成人就要从自食其力开始。

正常情况下，襁褓中的婴儿总会长为成人，但生理上成年与社会意义上的成人，未必步调一致，而且成人要比成年更难。成人与成年的分水岭就在于能否自食其力。

自食其力说难不难，说易不易。

一方面，人成年之后，自然需要投入生产劳动，养活自己，世界上绝大多数人都是这么过来的。常见身处逆境之人，完全可以光明正大地向社会求助，却坚持靠劳动自养，虽生活清苦，仍不言放弃，其自尊、自爱、自立、自强，令人肃然起敬。

另一方面，也不乏懒惰之人，虽已成年，甚至大学毕业，仍然依赖父母，无论是否工作，仍习惯向父母索取，被人贬为“啃老”；或者寄生于制度的缝隙，活得没有尊严，没有价值，没有意义。

人间自有真情在，相互帮助是常态，但老话说“天助自助者”。在力所能及的前提下，自食其力，才能奠定生命存在的基础，筑起人生起飞的跑道！

（一）一日不作，一日不食

不要小看自食其力，在中国文化中，这是一种具有崇高伦理地位的道德理念和生活实践，从来都是诗人讴歌的题材。

宋代苏轼在《籴米》一诗中写道：“食力免自愧。”这句诗流传千年，脍炙人口。因为自食其力，自己才活得踏实坦荡，不会见人抬不起头。

哪怕从事的劳动再简单，所获仅够糊口，但因为自己养活自己，没有依赖他人，就足以支撑一个人独立的人格，自立于世，无愧无悔。

“食力”一变而成“自食其力”，再变而成“不劳动者不得食”。与之联系紧密且广为人知的是唐代高僧怀海（约 720—814）。怀海大胆进行改革，设立“百丈清规”，从组织体制、生产方式和生活方式上对僧徒参加生产劳动做出规定。他既是规定者，也是践行者，他倡导“一日不作，一日不食”，将自食其力的精神落实于日常修行之中。

怀海年老之后，仍坚持每天劳动，众弟子怕他过于劳累，劝说无效后，便藏起他的农具。怀海坚持“一日不作，一日不食”。众人拗不过他，只得把农具还他。

怀海热爱劳动，倡导并践行自食其力的劳动原则，成就了一段佳话。

（二）自力更生，丰衣足食

在中国工农红军的队伍中，“不劳动者不得食”的劳动精神同样得到弘扬。红军在井冈山开辟根据地后，打仗之余，还要劳动，从战士到首长都积极参加。朱德军长自备了

图 3-1-1 朱德的扁担（中国国家博物馆）

一条扁担，加入运输粮食的行列。

显而易见，红军运输粮食不差军长这一担。朱德军长的行为之所以传为佳话，至今为人称道，首先不在劳动成果，而在劳动精神。每个人，无论年纪大小、学历高低、技能强弱，只要力所能及，一定要自己养活自己，决不做依赖别人的寄生虫。这样的独立精神和责任意识，才是劳动崇高的真正内涵。

在生产力高度发达，人文关怀蔚然成风的今天，我国的社会保障制度不断趋于完善。为了照顾老年人、残疾人、未成年人等特殊群体，维护他们的应有权利，国家制定了相关法律政策，建立了生活保障体系。这是国家给予特殊人群的基本福利，他们可以理所当然地享受这一切。但在现实生活中，仍有不少老人和残疾人尽其所能，参加劳动，自食其力，以自己的方式实现了自身价值，在更高的层次上践行了自食其力。这样的老人和残疾人值得社会予以特别的敬重和关怀，他们的精神更值得今天年轻人学习。

（三）自食其力：做好行动的准备

对今天的大学生而言，在校就读期间由父母供养似乎天经地义，自食其力这件事至少可以等到毕业找到工作后再来讨论。其实不然。自食其力是一种思想观念，也是一种心智状态，还需要能力支撑，没有提前准备，从依赖父母到自食其力，这个弯不是那么容易转过来的。

大学生具有双重身份。一方面，他们仍处于学习阶段，无论是国家还是家庭对他们未来的期望，多于当下参加劳动的要求；另一方面，他们确已成年，在法律上具有完全民事行为能力，应该能够独立生存，养活自己即便仍有困难，也不是办不到的。在学期间至少可以开始为未来做准备，以尽早完成从学习向劳动的转变，实现自食其力。

今天的年轻人同样有着自强不息的精神与信念。信念固然重要，但如果没有行动能力，信念就不会自动成为现实。把命运牢牢掌握在自己手里，还得从自食其力开始！

（四）不在课程表上的必修课

住宿在校园里的大学生有自食其力的条件。离开出生家庭，进入集体生活，本来就是一个人独立生存的开始。加之校园是一个功能齐全的小社会，堪称独立生活自食其力的健身房。

现代教育包含了大学生自食其力的制度安排，奖学金制度是其中之一。大学生认真学习，取得优异的成绩，可以获得学校或更高级别的奖学金，用于贴补学费和生活费。毫无疑问，要获得奖励必须付出比别人更多的努力。在这一点上，学习和劳动具有一致性，都需要付出努力才能收获结果。在学习上对自己负责任与生活上对自己负责任，都可以视为自食其力，殊途同归。

为了帮助同学们自食其力，学校会提供一些简单的工作岗位，比如将食堂、图书馆、实验室等场合，用作勤工俭学的机会。大学生利用课余时间做一些简单的体力劳动，既可以有一些收入，也能多一些学习机会。尤其是图书馆里的工作还能给大学生带来额外的学习机会：通过整理图书了解更多文献，值班时间正好增加阅读，接待读者时也可以得到人际交往方面的锻炼。而实验室操作则是践行知行合一的好时机，多动手，对老师讲过的内容可以有更深更全面的理解，观察老师做实验更可以得到额外的收获。这些岗位的推出体现了国家和学校为大学生处理好生活、学习和劳动三者关系而付出的努力。

在学校之外，社会上也存在大量的勤工俭学机会，从做家教到去企事业单位实习，尤其是在假期里，既可以及时将所学用于实践，加深知识掌握，熟练技能使用，又可以提前适应工作环境，积累职场经验，开始职业生涯的起飞。

拓展阅读

金职“最美”女大学生暑期打工卖猪肉火爆网络！

丰红倩是金职院学前教育专业的一名学生，2018 年暑期是她卖猪肉的第二个暑假。高三毕业她就开始找兼职，离开老家千岛湖跟着同学一起来到杭州。她的家庭并不富裕。爸爸在工地上打工，好长时间回不了家。妈妈一边种地，一边养蚕，经常靠天吃饭。所以她想要找兼职，赚些钱，让妈妈可以少给点生活费。

她每天早上 7 点 30 分到达超市，帮忙清洁、陈列，有时候还会拔拔猪毛。“刚开始也会觉得有点不好意思，没面子，后来就好了。”父母心疼她，但她觉得自己已经成年了，能赚些生活费，不能总向父母要钱。

一说到“卖猪肉”这个词，大家可能会觉得有点“不体面”。

但这位 20 岁的小姑娘却这样回答道：“自己赚钱自己花，理直气壮。再说，卖猪肉跟卖饮料、酸奶的其实没什么区别。哪个工作不辛苦，哪有什么工作能吹着空调吃着冰西瓜的？”

（来源：金华职业技术学院微信公众号，2018-08-04，有删改。）

如果有的同学为了把更多的时间用于学习，不参加勤工俭学，这也没有问题。在日常生活中同样可以践行“自食其力”的理念，如自觉完成生活劳动，自己的衣物自己洗，主动做好寝室整理和楼道整洁等。一个有劳动观念、独立精神和自食其力意识的人会尽量做到自己的事情自己做，不给他人添麻烦。

（五）自立，有心就有机会

对于大学生来说，自食其力首先是一种态度，没必要局限在一定要挣钱养活自己的范围内。只要有助于培养劳动意识、树立劳动态度、锻炼劳动能力的，都可以成为“自食其力”的机会。

节假日，帮助父母做家务，则是在家务劳动范围内“自食其力”。在有需要的场合，利用所学的知识和技能完成一些在父母眼里“高难度的任务”，比如帮助祖父母、外祖父母学习操作手机上的小程序。这些小事情在大学生看来似乎微不足道，而对老人来说却“难于上青天”。做到位了，对大学生来说，体现了自己的家庭责任，对家人而言，则可以带给他们想象不到的幸福感。

此外，在经济条件允许的情况下，大学生还可以积极参加公益活动或志愿活动。社会服务虽然对个人独立生活的财务贡献不大，但可以增强个人社会责任心，扩大对社会的了解，提高公共生活能力，如果同专业结合得好，还有利于在更高层次上规划未来的职业生涯。到这一步，自食其力就进入“自助助人”的阶段。

在现代社会，一个正常的人要想自食其力总是有机会的，找到心仪的工作未必人人都能如愿，但靠自己的劳动和智慧获取合法收入、养活自己，每个人都能做到。“一日不作，一日不食”，自食其力不仅是我们独立生活的证明，更是未来成就出彩人生的精神支撑和能力依托。

思与悟

结合自身实际，谈谈如何自食其力。

二 在家庭中尽责任

扫码观看微课视频

习近平总书记在2016年会见第一届全国文明家庭代表时指出：“尊老爱幼、妻贤夫安，母慈子孝、兄友弟恭……中华民族传统家庭美德，铭记在中国人的心灵中，融入中国人的血脉中，是支撑中华民族生生不息、薪火相传的重要精神力量，是家庭文明建设的宝贵精神财富。”

（一）家庭是一个生命体

家庭是一个几乎人人都在说的概念，也是没人能说清楚的概念。有人说，在一口锅里吃饭的人就组成了一个家庭。这就是说，家庭就是成员之间存在经济关系，劳动成果共享的生活单位。

在家庭范围内，一个人的一生就是从分享他人劳动成果，到让他人分享自己劳动成果，再到分享他人劳动成果的过程。

分享是家庭关系的根本，责任是分享得以实现的保障，而劳动既为分享提供了物质前提，也构成了责任的履行方式。

家庭重要，责任重大，劳动崇高。

（二）生命在呵护中成长

人的一生构成“斯芬克斯之谜”：早上四条腿，隐喻不能直立行走的幼儿，只能爬行，手脚并用；中午两条腿，意指身强力壮的青年和中年；晚上三条腿，说的是人老了走不动，只好借助拐杖。

每个人出生时都是弱小而无助的，没有父母或其他成年人的照顾，婴儿不可能生存下来、成长起来。在家庭范围内，生命依托于父母的劳动，除了让婴儿吃饱穿暖，还要提供生活照顾，喂奶、洗澡，“一把屎，一把尿”地操持。无论家庭经济收入状况如何，把孩子抚养成人，使其达到身体健康、品行端正、举止得体、知书达理，父母都含辛茹苦，不计得失。正是在父母的关爱和期待下，子女茁壮成长，体会到家庭中人与人之间的责任关系。

回想童年，总有让人感动的一刻：母爱如水，沁人肺腑，父爱如山，巍峨高耸。思之弥深，望之弥高。

亲情伟大，劳动崇高。

随着年龄增长，襁褓中嗷嗷待哺的婴儿终于长大成人，独立生活，父母的责任终止了。作为成年人，年轻人在承担对自己的责任之外，还要承担起对父母的责任。

（三）尽孝父母，四理合一

美国人类学家玛格丽特·米德在接受采访时，反问了记者一个问题：“人类文明从什么时候开始？”

记者心想，这么简单的问题，不就是火的驾驭、轮子的制造，如此等等？

令他意外的是，玛格丽特·米德的回答是：“考古发现一段愈合的股骨。这就是文明的开始。”

骨折的人无法行动，唯有依靠他人供给食物，给予照料，才能活到愈合的那一天。

照顾幼崽是动物的天性，但唯有人会照顾老人。赡养父母要比照顾子女，体现出更高的人性，更高的文明。

人类社会的基本伦理要求是，一切责任都是相互的。在子女弱小时，父母尽了责任，现在子女强壮了，父母衰老了，责任的主体自然转移到子女身上。在中国传统文化中，子女对父母的责任可以概括为一个字——“孝”。过去，孝被认为具有生理、心理、伦理和法理“四理合一”的神圣性，即子女由父母所生，为孝提供了生理依据；父母养育子女之恩，为孝提供了情理依据；父母子女的关系具有唯一和终极的性质，为孝提供了伦理依据；父母子女关系得到法律认可和维护，为孝提供了法律依据。

“百善孝为先”，在新时代，孝也应该得到弘扬，继续发挥规范亲子关系、维护家庭和睦、提升文明程度的作用。不可否认，时代变了，孝的内涵发生变化，行孝方式也有所不同，但赡养老人的法定义务仍在，伦理责任仍在。

对于许多独生子女来说，父母大多有养老金，只要身体状况良好，不会带来太大的经济负担，但老人对生活照料的需要却一定会随年龄而增加。将来，家务可以让机器来承担，情感慰藉却无法替代，只有子女能提供。年轻人有自己的工作，也有自己的孩子，很可能与照顾父母发生冲突。一代人有一代人的责任，每一代人履行责任都有时间窗口，过了这个阶段，机会不再。“树欲静而风不止，子欲养而亲不待。”不让父母失望，不留自己遗憾，尽心竭力，完成人生使命，是应该的，也是必需的。

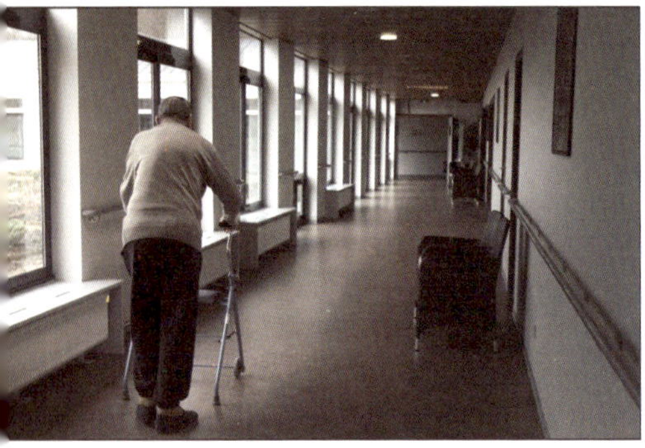
图 3-2-1 养老院内的老人

如果父母收入有限，一辈子克勤克俭，而子女以自己所长，有了体面收入，那就应该给父母以经济资助，让他们安享晚年。这种具有伦理价值的付出，最后不只是给了父母物质生活的改善和情感生活的充实，还可以给年轻人自己以内心的充实和宁静：为父母的晚年幸福，努力工作，争取更大职场成就，平凡的劳动多了一份道义的附加值！

在人口老龄化的背景下，肯定会有越来越多的老人入住医养综合体等养老机构，得到专业护理，安度晚年。

拓展阅读

居家社区养老，法理伦理都需尽孝

居家社区养老可能是最符合中国人传统预期的养老模式。四世同堂、父慈子孝、含饴弄孙……这样的画面多么温馨而美好，想想都让人心醉。孩子一句“爸，妈，我回来了……”，孙子孙女天真的笑声，对于很多老人来说，是无法替代的心理慰藉。从中我们也就不难理解，老人们对在家人身边颐养天年的那份割舍不掉的情结。

一个阳光明媚的上午，位于北京市西城区椿树街道的四合上院养老照料中心，接待了几位前来咨询的老人。中心相关负责人介绍说，这里计划提供日间照料、入住照护等服务。基于政府提出的公益性要求，目前床位主要计划向 80 岁以上高龄老人、半自理老人等群体提供，老年餐桌服务则计划向社区里的老年人开放。68 岁的张阿姨说，虽然自己身体健康，现在可以自理，但以后如果有需求，在家附近就能得到服务，感觉很方便，这才是服务到“家”。

养老照料中心正是北京市创设的依托社区内的养老机构开展居家社区养老服务的新型发展模式。养老照料中心首先是一个养老机构，小的十几张床位，大的有上百张床位，可以为老年人提供机构养老服务。此外，它与所在街道、乡镇协同合作，了解周边老年人底数和实际需求，通过与专业化公司等合作的方式，让更多选择居家社区养老的老年人享受到专业的助餐、助浴、康复护理等服务。

（来源：搜狐网，有删改。访问日期：2022-03-25。）

随着我国老年事业的发展，养老机构越办越好。即便如此，老人难免有不如在家顺心遂意之憾，年轻人要多加体察，多加体谅，日常照顾可以由养老机构“代劳”，但并不意味着可以不闻不问，赡养义务中有情感慰藉的内容，应该得到充分的履行。既可以打电话交谈，也可以见面探视，了解老人需要，尽可能满足。其实，只要子女足够关心，即便未能解决任何实际问题，老人也能感受到温馨。孔子在论及行孝时，指出“色难”的问题，即子女要保持对父母的尊重和体谅，不能对父母使性子、给脸色。子女和颜悦色，父母如沐春风，孝就在其中了。

三　守望相助，以服务建设社区

扫码观看微课视频

在法律上，家庭属于“私”的领域，个人生于家庭，但不会停留在家庭里。个人跨出家庭，进入社会公共领域，与不同的人交往，会使自己的视野得到拓展，能力得到提升。人的成长在一定的意义上就是，人一步步由私人领域转向公共领域的过程。社区是离个人最近的公共领域，大多数人成长的第一步就是走进社区。个人在社区中为提升公共利益所做出的努力，表现为一种特定的劳动形式——社会服务。

（一）走出家庭，体验公共

社区的“社”是社会的意思，指的是地域范围内人与人的交往关系和情感认同。“区”是地域的意思，指的是特定人群所生活的地域。合起来，社区就是一定地域范围内守望相助并彼此认同的社会共同体。在社区里，人们通过共同生活、相互帮助，产生超越血缘关系的情感纽带，激发每个人认同和服务公共利益的初始愿望和本真激情。

与人们从市场上购买服务不同，社区中人们相互帮助不是为了获得自身利益，而是为了让他人也能享有应该享有的生活，使区域社会变得更美好。不为个人利益，而为世界美好，这种利他利众的行为被称为“志愿行动”或“公益活动”，社会服务是其中的一种常见形式。

课堂案例

吴婷：回报社会　奉献社区

25岁的吴婷是青海省西宁市火车站街道办事处中庄社区的一名社区疫情防控志愿者。从1月29日开始，她和母亲刘格志每天早上9点准时到中庄社区报到，负责进入小区人员的信息登记、体温测量和健康宣传等工作。据刘格志介绍，吴婷从小患有结节性硬化症，曾得到过很多爱心人士的帮助。在新冠疫情发生后，吴婷也想为社区做些力所能及的事情，就和母亲一起到社区担任志愿者。她说：“虽然我一个人的力量比较渺小，但在这个时候，我想奉献自己的绵薄之力，帮助社区做一些有用的事。能以这样的形式回报社会，我很开心。”

（来源：新华网，有删改。访问日期：2022-03-25。）

【案例评析】吴婷从小因为身患疾病而得到他人帮助，亲身经历社区给予的关爱和帮助，回报他人，服务社区成为她心底的美好愿望。当有机会也有能力为大家提供服务的时候，她便开开心心地投身其中，这是守望相助的最好例子：发自内心地、充满关爱地彼此扶持。

（二）社区服务，形形色色

粗略地说，发生在社区中的社会服务，就可以称为社区服务，两者在性质和内容上没有太大区别，但与职业人士提供的市场化的专业服务往往具有清晰的边界。社会服务堪称五花八门，只要有公益之心，愿意关爱他人，总能找到一款适合的服务项目。

就对象来说，社区服务有帮老服务、助残服务、儿童服务以及面向其他处境不利群体的服务。

图 3-3-1 帮老服务

图 3-3-2 关爱儿童

图 3-3-3 助残服务

就内容来说，社区服务可以是直接的服务，比如针对困难人员的具体需要，帮助解决；可以是辅助性服务，比如为服务机构提供专业咨询，开展募捐；也可以是倡导型服务，比如弘扬公益精神的宣传活动。

就组织方式来说，大学生可以参与社区组织或公益机构已有的活动，发挥自己的作用，也可以自己组织起来，在学校的领导和社区社工的指导下，独立开展活动。

这些服务如果有具体的受益人群或人员，比如残疾人、孤老，通常就会被归入慈善范畴。如果非特定对象都能从中受益，比如环境保护、文化传承等，就属于公益范畴。

拓展阅读

公益之“芯”：关爱守望桑榆

张雅琳是金华职业技术学院信息工程学院应用电子技术专业181班学生，她曾获全国大学生电子竞赛二等奖、全国大学生电子设计竞赛省赛一等奖，是浙江省“十佳大学生获得者”。在校期间，她用她的精技之“芯”，守护公益之“芯”，关爱守望桑榆，服务社区，成为广大学生学习的榜样。

2015年，张雅琳的外公被确诊为阿尔茨海默病，病情恶化到连回家的路都找不到，曾走失7次，这让张雅琳痛心无比。她在网上搜索资料时发现，全国约有50万和她外公有同样走失经历的老人，平均每天就约有1370名老人走失，而迷路、精神疾病和失智是老人走失的重要原因。她灵光一现，为什么不能做出一种芯片，安装在老人的鞋子、皮带等随身物品中，帮助那些易走失的失智老人回家呢？

怀着这样的初心，张雅琳和她的团队研发了“防走失智能卡片”。为了让更多人受惠，她和她的团队利用寒暑假走访了金华5个社区，为300余位老人免费发放“防走失智能卡片”。团队还与金华市中医院、金华市人民医院等达成合作意向，在金华市10余个社区和义乌市养老院投入使用，全市佩戴人数超过2万人，设备上线率达96%。

在深入社区调研的过程中，她深切地感受到老年人身体和生活上的种种不便，迫切需要得到社区和社会的关注。大学期间，她成立了“桑榆守望者”关爱老人志愿者服务队，每个月定期前往社区、敬老院，用自己掌握的专业知识和劳动技能，为老年人提供多方面的服务，有家电维修、电器线路安全检修维护、防诈骗宣传、智能设备使用等等。服务对象覆盖了近 20 个社区，三年时间里共开展志愿服务活动 200 余次，累计服务老年人达 5000 多人次，团队开展志愿活动累计达到 1082 小时。她还积极参与金华市金东区农村居家养老“金东模式”再升级调研，撰写调研报告近 2 万字，为金华市的相关政府部门提供对策建议。

（来源：金华职业技术学院网站，有删改。访问日期：2022-03-25。）

（三）志趣所在，力所能及

大学生服务社会有许多选择，在尊重服务对象的前提下，可以充分考虑自己的志趣和意愿，做自己喜爱的事情。志愿活动不涉及法律义务，只同个人主动承担的社会责任有关，个人发自内心地愿意通过不求报酬的行动，让世界变得更美好，自愿是志愿的灵魂。

与选择职业时个人难免考虑收入、待遇、晋升等经济因素不同，个人在参加社会服务时，通常不考虑外在因素，只遵从内心指引。在许多志愿活动的现场，可以看到各种背景和身份的人，因为对许多人来说，相比强调专业分工和工作职责、不能越雷池一步的职场，社会服务是一个更能让个人以自己愿意的方式来实现自我价值的场合。大学生可以根据自己的价值观、兴趣爱好和能力，决定参加什么样的社会服务。

要为他人提供实实在在的服务，志愿者也需要有一定的能力，以免事与愿违。但除非在专业性很强的场合，社会服务通常对人的“硬能力”要求不是很高，而对“软能力”的要求较高。比如，理解对方的“共情能力”、促进交流的沟通能力、干预对方行为的心理学技能，还有各种基本素质比如耐心、韧性、毅力、承受力等。如果有兴趣致力于社会服务，大学生在行动之前要有所准备。坚持参加社会服务，也能让这些素质得到明显提高。

拓展阅读

涞水县大学生志愿者助力疫情防控，彰显青春使命担当

董林姝、董林华是涞水县一对即将成为大二学生的双胞胎姐妹，在疫情防控期间，她们响应号召，积极报名参加社区大学生志愿者团队，投入疫情防控一线。

得益于年初疫情防控中的培训基础，2021 年暑期，两姐妹再次投身疫情防控工作中，帮助社区完善居民新冠疫苗接种的基本情况和信息，跟着其他工作人员一起入户宣讲防疫知识、登记信息、执勤站岗。她们的细心、耐心服务，筑起了“家门口”的防疫屏障。志愿服务结束后，两姐妹表示：“作为大学生，我们很荣幸能够参加志愿者活动，这不仅可以提升我们的社会责任感，还能提高语言表达能力和理解能力，为我们的大学生活写上了浓墨重彩的一笔。”

（来源：涞水县广播电视台，2021-08-18，有删改。）

在校园里，由于课堂教学是根据专业划分来确定的，范围明确而有限，大学生由此养成的专业素质，明显具有理性取向、知识为主的特征。而社会服务对人的素质要求往往具有综合性，范围更广，其中的角色也更多元。为了取得良好的社会服务效果，需要动用多方面能力，由此，大学生可以形成更丰富的生活经验，获得更广泛的人脉资源。参与社会服务，不仅能为奉献社区做出贡献，还能有效锻炼和提高大学生在学校里无法培养的能力，促进其全面发展。近年来，一些高校招生或大企业招聘时，更青睐有丰富社会服务经历的学生，因为这些学生往往具有更好的素质和更强的能力。有高度社会责任感、能让周边的人感受其活力、动力和能力的年轻人，更让人期待！

拓展阅读

致敬逆行者！百家企业宣布优先录用抗疫志愿者

为致敬在抗击新冠疫情中做出贡献的志愿者，帮助其就业，某招聘网站近日联手百家企业共同发起“让逆行者先行”公益招聘行动，这些企业发出承诺：“同等条件下，优先录用抗疫志愿者。”为志愿者开放求职绿色通道。

不少知名企业参与本次公益招聘专场活动，带来4万多个岗位，涵盖技术、房产销售、直播及短视频、财务等丰富的类型。

活动相关负责人表示，志愿者在抗疫过程中充分体现了自身的担当和奉献精神，而这也正是企业所看重的个人素质。希望能够通过此次专场帮助更多企业找到优质人才，推动企业复产复工。

（来源：《潇湘晨报》，2020-05-29，有删改。）

大学生参加社会服务，需要做好特殊的心理准备。志愿行动或公益活动顾名思义，就是无偿或低偿的，不讲按劳取酬。道理很简单，志愿活动不是等价交换，不适用市场原则，若非志愿者的无偿奉献，缺乏支付能力的困难人员不可能享受同样内容和水准的服务。但领取交通费、误餐费等补贴还是允许的，考虑的主要是不增加志愿者的生活成本，仅此而已。

大学生需要有明确的意识，无偿不等于免责，不能因为不收费或收费低廉，就对社会服务的质量掉以轻心，一旦发生事故，服务提供者和所在机构同样需要承担法律责任。大学生在选择社会服务的具体内容时，既要考虑现有的能力，也要针对自己的不足加强学习，确保服务质量。好事情只有做好了，才能让良好愿望成为现实，世界也才会变得更美好。

当代大学生要积极参与服务社会，传承社区守望相助的传统，力所能及地帮助困难人群，让他们共享国家发展、社会进步的好处。社会服务没有大小之分，无论是参加公益活动还是慈善事业，都要抱有让世界更美好的愿望，尽力为社会做出贡献，这样的态度是高贵的，行为是高尚的，境界是崇高的！

思与悟

我能够为社区提供哪些服务？

四 授人以渔，推动区域发展

扫码观看微课视频

2021年2月25日，习近平总书记向全世界庄严宣告，中国脱贫攻坚战取得了全面胜利。现行标准下9899万农村贫困人口全部脱贫，832个贫困县全部摘帽，12.8万个贫困村全部出列，区域性整体贫困得到解决，完成了消除绝对贫困的艰巨任务。

（一）劳动，脱贫解困的必由之路

脱贫，在国际上称为“减贫”，是一个世界性课题，也是一个世界性难题。脱贫所涉及的不是单纯的经济问题，否则，那些人均GDP超过中国的国家就不应该存在贫困现象。脱贫之难，难在如果不找到贫困根源，不解决自力更生问题，光靠救济，无论给予多少财政资助，都无法让一个地区的人彻底摆脱贫困。这个道理被中国古人称为“授人以鱼不如授人以渔”。

联合国在世界范围内开展消除贫困运动几十年，态度不可谓不真诚，投入总额也相当可观，但客观地说，效果却相当有限。正是在这个背景下，中国脱贫攻坚战取得全面胜利不仅对中国有意义，而且对世界也有意义。中国的成功说明，在一个发展中国家消除绝对贫困是可能的。更可贵的是，中国经验是可复制、可推广的，那就是把摆脱贫困的着眼点和发力点放在劳动致富上。

贫困往往由多方面原因形成，要想摆脱贫困，也需要从多方面着手。不少地区的贫困同当地自然禀赋和历史遗留问题有关，在现代产业社会条件下，来自外界的帮助必不可少，但要走出贫困，没有主观努力是不可能的。内生动力是脱贫攻坚最根本、最稳定、最强大的力量。只有通过自己的劳动，才可能让物质财富涌流，从根本上实现脱贫致富。

拓展阅读

脱贫攻坚伟大奇迹的中国经验

中国减贫实践不但精彩、生动，而且具有史诗般的意义，足以载入人类社会发展史册。要看到，脱贫摘帽不是终点，而是新生活、新奋斗的起点。回顾中国减贫实践的伟大历程，总结脱贫攻坚伟大奇迹的中国经验具有重要意义。

中国脱贫攻坚取得伟大成功靠的是强大内生动力和精神力量。减贫治理是一个复杂而巨大的系统工程，必须有精神支柱和作风保障才能取得伟大成功。首先，脱贫攻坚是一场硬仗，必须坚持调动广大贫困群众的积极性、主动性、创造性，激发脱贫内生动力。脱贫首先是观念脱贫，因为精神的贫困比物质的贫困更可怕，这种看不见的贫困会让脑袋里的“怕”变成行动上的“慢”，给脱贫带来极大负面影响。要从根本上摆脱贫困，必须智随志走、志以智强，实施“志智”双扶，才能激发活力，从根本上铲除滋生贫困的土壤。此外，必须坚持弘扬和衷共济、团结互助美德，营造全社会扶危济困的浓厚氛围。西方理论主导的减贫实践很难取得成功的一个重要原因就在于其存在价值观上的分歧和动力源泉判断上的失误，很难形成行动上的统一精神力量。中国始终在减贫实践中坚持社会大帮扶格局，始终践行社会主义核心价值观，赓续传承中华民族传统美德，锻造形成了脱贫攻坚精神，做到脱贫攻坚不少一人、共同富裕一个不落。

（来源:《经济日报》，2021-04-19，有删改。）

（二）劳动，区域发展的根本动力

脱贫不是终点，持续发展才有美好未来，两个目标的实现都离不开劳动。

抗日战争期间，延安的土地产出并不富饶，要承担中央机关、政府部门和军队等多方面支出，困难重重，一时间财政紧张，压力巨大。正如毛泽东所说："我们曾经弄到几乎没有衣穿，没有油吃，没有纸，没有菜，战士没有鞋袜，工作人员在冬天没有被盖。"[①] 为了摆脱困境，在党中央的领导下，八路军第三五九旅进驻南泥湾，把不毛之地，改造成塞北江南，为战胜日本帝国主义做出了重大贡献。据统计，第三五九旅一整年共开荒地 11200 亩，收获粮食 1200 石，收获蔬菜 164.8 万斤，打窑洞 1000 多孔，盖房子 600 余间。自力更生，通过生产劳动发展一个地区，南泥湾垦荒是一个极好的例子。

图 3-4-1　南泥湾大生产

图 3-4-2　陕北"好江南"

图 3-4-3　浙江各区域极具竞争优势的产业集群

改革开放之后，全国各地大力开展经济建设，都取得了明显成效。从整体上说，浙江"七山一水两分田"的地理条件并不优越，原有的产业基础也相当薄弱，但浙江人凭着"当得了老板，睡得了地板"的拼搏精神，以民营经济为主，推动地方经济发展，催生出义乌的小商品、慈溪的小家电、鹿城的皮鞋、永康的五金、绍兴的轻纺等一个个有竞争优势的产业集群，"造富"一方百姓。一批批浙江人走出中国，走向世界，在浙江经济之外，再造了一个世界范围的"浙江人经济"。在 2020 中国民营企业 500 强

① 《毛泽东选集》第 3 卷，892 页，北京，人民出版社，1991。

榜单中，浙江占96席，连续22年排全国各省第一。蓬勃发展，欣欣向荣，蒸蒸日上，区域发展的成就来自包括企业家、员工和农户等所有劳动者的努力与付出。

拓展阅读

浙江：高质量发展建设共同富裕示范区

风至自灵动，策高当行远。《中华人民共和国国民经济和社会发展第十四个五年规划和2035年远景目标纲要》当中，明确赋予浙江高质量发展建设共同富裕示范区的重大任务。

这是浙江在新发展阶段的新使命！

担当如此重大使命，浙江信心何在？底气何在？

100年来，浙江在中国共产党的坚强领导下，筚路蓝缕、实干担当、砥砺奋进，特别是2003年实施“八八战略”以来，浙江大地发生了精彩蝶变，实现了从经济大省到经济强省、从对内对外开放到深度融入全球、从基本小康到高水平全面小康的跃升。2020年，全省生产总值达6.46万亿元，在疫情防控的特殊情况下仍然增长3.6%。

经过不懈奋斗，今天的浙江成为百姓感受最安全、最具幸福感的省份之一。浙江还是全国唯一一个所有设区市人均收入都超过全国平均水平的省份，实现了义务教育发展基本均衡县全覆盖、乡镇公办幼儿园全覆盖、医保门诊慢性病保障制度全覆盖。2020年城乡居民人均可支配收入分别为6.26万元和3.19万元，连续20年和36年居全国各省区首位，城乡收入比进一步降至1.96：1。

新发展阶段，忠实践行“八八战略”、奋力打造“重要窗口”的浙江，提出争创社会主义现代化先行省。这张充满温度的蓝图上，以过往的高质量发展为底气，以全体人民共同富裕的现代化、物质文明和精神文明相协调的现代化、人与自然和谐共生的现代化为落笔方向，浙江正努力书写出“生活和美、文化和润、社会和序、生态和谐、百姓和睦”的民生图景，以“浙江之窗”展现“中国之治”。

（来源：光明网，有删改。访问日期：2022-03-25。）

在全面建设小康社会的历史进程中，中国再次发挥了“授人以鱼不如授人以渔”的传统智慧，以“全国一盘棋”的精神，实施发达地区对口帮扶贫困地区的战略，前者在向后者输送各种资源的同时，注重带动后者的产业发展。在国家统一部署下，对于不适合居住和生产地区的居民开展安置，为其提供新的生产劳动的条件和机会；对于没有能力参加生产劳动的居民，动用财政来兜底，体现国家责任；对于大部分地区，则输入技术、种子、牲畜、设备等，兴建基础设施，拓展销售渠道，通过畅通物流、人流、信息流，促进产业升级，实现区域发展。

课堂案例

金职院校友荣获“全国脱贫攻坚先进个人”荣誉称号

2021年2月25日，张开荣同志荣获“全国脱贫攻坚先进个人”的荣誉称号，在北京受到了习近平总书记的接见与表彰。

张开荣是浙江湖州市南浔区善琏镇公共事业服务中心副主任，2011年毕业于金华职业技术学院农学院动检专业。在校期间一直担任班长的他，专业学习认真，工作态度端正。毕业后取得了畜牧师的职称。2019年2月，他排除万难，以农业专业技术人才身份从湖州南浔援派到四川广安，负责协助东西部协作农业扶贫项目建设和农业技术指导工作。

工作期间，张开荣同志始终牢记使命，坚持不负组织重托，以扎实的专业技术和刻苦的工作作风投身东西部扶贫协作事业。他挂职期满后，三次延长挂职时间。他积极推进“湖羊入川”工程，共建成湖羊种养循环生态基地6个，完成湖羊引种6210只；开展“湖羊致富”工程，指导75个幸福农场建设和湖羊养殖技术，培训养殖人员200余人，直接带动5000余户贫困户增收。他是名副其实的“拼命三郎”。

在挂职期间，他秉持着“不忘初心、牢记使命”的宗旨，一切工作围绕人民，将自己的所学用于产业帮扶中，将浙江农业发展理念留在广安，全身心投入到当地的脱贫攻坚事业中去。

（来源：金华职业技术学院网站，有删改。访问日期：2022-03-25。）

【案例评析】张开荣的事例为我们展现了劳动帮扶区域发展的一个窗口。凭借劳动与技术，劳动者就可以托举区域发展。当个人的劳动与区域发展相联系时，平凡的劳动也显得崇高。

（三）要干劲，也要智慧

在经济高速发展的今天，依靠劳动致富、推动区域发展不但要有干劲，还要有智慧。经济欠发达地区大多自然条件恶劣，交通条件不良，单靠土地产出，即便产量增加，质量提升，如不能进入全国市场，仅用于当地消费，则附加值有限，农民要脱离贫困，迈向富裕，仍然困难重重。因此，发展多种经营，做长产业链，提高附加值，增加农民收入，成为各地探索方向，食品加工、电子商务、旅游经济、民宿产业乃至直播带货，中国农民充分发挥了想象力，各种劳动形态遍地开花，使个人走向富裕、区域得到发展成为现实。

拓展阅读

湖州“留守青年”乡村绽放青春

作为中国美丽乡村的发源地，近年来，湖州持续实施“千万工程”，打造美丽乡村升级版。乡村面貌焕然一新，城乡差距逐渐缩小，越来越多的年轻人选择返乡下乡创业。这些有知识、有技能的年轻人，在广袤乡村绽放青春，给浙北乡村振兴带来了活力和希望。

费琦耀是南浔区菱湖镇射中村第一个留学生，从日本学成回乡后，和一群有梦想的青年科技人一起，通过物联网技术帮助农民改造传统鱼塘，实现科技养鱼。只凭一部手机，费琦耀就可随时掌握整个鱼塘水质变化，还可在家遥控增氧机开关，实时监控鱼塘情况。

孙建龙作为湖州农民学院毕业的一位新型职业农民，早在多年前就掌握了浙江省首架无人植保机的作业技术。他通过潜心钻研和专家指导，掌握了粮油高产优质栽培技术。现在，他带领的吴兴区八里店尹家圩合作社承包了3000亩粮田。

沈晓琳是德清县莫干山镇仙潭村“清栖”民宿主人。2016年，沈晓琳辞去城里工作回村，将自家老房子改建成民宿。随后仙潭村成立了全国首个村级返乡创业协会，返乡创业的青年达40多人。近年来，莫干山生态渐入佳境，民宿行业兴起，前来度假的人也越来越多。沈晓琳说，现在天天可以享受“慢生活”，很惬意。

盛茗是安吉溪龙乡黄杜村人，大学毕业后回到家乡，成了当地“茶三代”。爷爷盛振乾是当地第一代白茶种植户，家里承包茶园1000多亩。近年来，安吉白茶声名远播。2018年，盛茗在网上开店，半年时间的销售额就突破了百万元。

（来源:《浙江日报》，2018-12-24，有删改。）

当下，高职教育设置了各种专业，既有传统的制造业，如机电工程，也有现代服务业，如酒店管理，更有互联网条件下的适合自主创业的专业，如电子商务，客观上为来自不同地区包括经济仍不发达地区的大学生掌握多方面知识和技能创造了条件。只要有自觉性、主动性、积极性，加上方法得当，高职学子完全可以在学好一门专业的基础上，多掌握一些本领。既有一技之长，又有一专多能，更能在不同发展水平的区域找到用武之地，取得职场和人生的成功，贡献于家乡和更多地方的区域发展。

思与悟

借助所学专业如何助力家乡发展?

五 员企一体，与工作单位共青春

扫码观看微课视频

世界上为什么有“500强”之类的排行榜？国家为什么在意中国企业榜单上的位置？一些历史悠久的店铺品牌为什么为人所看重？员工与企业如何相互依存？

（一）企业，劳动进化的结晶

高职学生毕业后大多数去了企业，未来如有可能，也会自己创办企业。大学生在选择要应聘企业时，会考虑专业对口、工资待遇等，还会考虑企业的经营规模、技术实力、发展潜力和企业历史。所有这些考虑的背后不仅有对这家企业的评估，还有对企业这种劳动组织形式的认可。

金华职业技术学院2019届毕业生就业质量年度报告显示，选择到各大企业就业的学生超过了75%。可见，企业是毕业生们的主要就业渠道。当下，市场竞争激烈，在合法经营的前提下，任何一家持续创造财富、提供就业岗位、创造技术成果、促进社会进步的企业，都是产业文明的结晶、市场经济的胜者、国家实力的体现，还有劳动者就业的机会。

企业是建立在社会分工的基础上，伴随工业化成长起来的劳动组织形式。自劳动工具发明、劳动水平提高之后，组织起来开展生产活动就是历史的必然。但在漫长的时间里，劳动的主要组织形式是作坊，因为技术简单，分工有限，它承受不了太大的规模。直到第一次工业革命后，在技术进步的催生下，分工链加速延长，规模自然扩大，企业大量出现。

劳动始于个体，成于集体。由于每个人的体力和脑力是有限的，只有组织起来，才能完成超过个人能力的劳动任务。这犹如搬重物时，众人一起使劲，可以成倍放大个人的力量。

单纯作为数量叠加的劳动集体既容易组织，也容易散伙，任务完成，各奔东西。而且，劳动实现了数量扩大，但没有得到质量提升，从个人搬小件到多人搬大件，劳动只是获得某种外延上的形式扩张，并没有得到内涵上的实质进步。以往一些重大基建场合，比如筑城建墓、挖渠开河，规模虽大，但结构简单，工程完成之日，就是该劳动组织解散之时。

企业作为出现相对较晚的劳动组织形式，通过劳动的集约化，提高了生产效率和产品质量，其内在机理是在生产技术复杂化、劳动分工深化的基础上，通过把完整的生产过程中不同环节独立出来，实现工序专门化和技术标准化，从而确保每个环节的产量和质量，再经过合理化管理，优化不同环节的整合，实现生产效率最大化。

（二）企业，生产财富的财富

企业为生产财富而存在，其本身也是社会的财富，无论一个国家还是一个城市，其拥有财富的数量都大致可以用拥有企业的数量和质量来衡量。

企业是一个生命体，随时间而展开自己的经营方式和管理模式。一般来说，企业发展有两个基本方向。一个是做大体量，纵向沿着产业链不断伸张，将越来越多的生产环节卷进来，形成上下游产业一体化；横向将相关产业卷进来，经营范围越来越广泛。这类企业可以称为“大企业”，如韩国三星集团、日本东芝集团、德国意昂集团、中国来宝集团等。目前中国的互联网企业也开始表现出类似的发展趋势。其特点是体量巨大，资金雄厚，一呼百应，巨大影响力溢出原本所在的行业，渗透到许多其他行业之中。

另一个方向则是聚焦特定产品，做成“小巨人”。企业在技术上做精深开发，形成“独门秘籍”，让自己的产品做到无人可及，尽管产量有限，产值有限，但在单一产品的高端市场中占据独特地位，附加值高，利润丰厚，稳健经营，永续发展。这类企业在几个制造业强国如德国中比较多，除了一些知名企业外，还有众多不为大家熟知的“隐形冠军”，它们不盲目扩张，而是深耕产品技术，虽然规模不大，但技术独一无二，利润丰厚，历史悠久，长期占据本领域的世界高端市场，形成技术垄断，至今发展很好。这类企业技术积累雄厚，体量不大，却跨越时代，保持旺盛的生命力，至今欣欣向荣，蒸蒸日上。

拓展阅读

德国一些中小企业成为“隐形冠军”的秘诀

德国约有1300家具有“隐形冠军”之称、在专业细分市场占有领先地位，但公众知名度不太高的中小型企业。这些企业不急于扩大规模或进行广告营销，而是强调员工技能培训，深耕产品技术，用过硬品质赢得用户口碑。

很多德国中小企业由私人持股，在涉及投资和发展的决策中信奉“稳健第一　速度第二”的准则。

位于斯图加特市的汉臣公司成立于1925年，该公司设计生产的液压缸和驱动技术位居世界顶尖行列。2018年，汉臣通过合作伙伴参与中国国产大飞机C919的研发，提供机翼等部件的测试服务。汉臣公司总经理斯特凡·汉臣说，公司几乎每年都会举行技术研讨会，或邀请专业人员对员工进行集中培训，以提高员工的专业技能。公司不急于海外扩张，目前仅在瑞士、法国和中国上海设立子公司。

“稳定健康的发展，比做大规模更重要。”辛恩公司首席执行官施密特强调说，公司不会考虑上市，只有在银行提供的条件可控、清偿条件优越时才会考虑贷款。“我已经吃饱了，为什么还要让自己吃撑？”

茶叶生产企业罗纳菲特公司于1823年成立，有150名员工。泡出一杯好茶，需要掌握一定时间和火候。为了让欧洲年轻人能方便快捷地喝到原汁原味的茶，该公司发明了茶胶囊，胶囊里含有研磨好的茶叶粉末。只要把茶胶囊投入胶囊咖啡机，按下按钮，就可以喝到一杯清香醇厚的花果茶。企业公关经理尤塔·塔尔兰表示：“我们没有依靠银行贷款。获得盈利后我们再进一步研发，一步一步稳定增长。”在高档茶叶领域，该公司拥有德语系国家四星级以上酒店70%~80%的市场占有率。

（来源：《人民日报》，2019-06-18，有删改。）

如果说第一类企业主要体现了人类社会在资本积累、科技发展、经营模式等方面的最新成长，那么第二类企业则体现了劳动和技术本身的传承和发展，更有历史感。

（三）超越时代，那些历史悠久的店铺品牌

企业是由人组建、由人经营的，企业的生命取决于人的多种形式的劳动。无论何种类型的企业，没有富有远见、魄力和智慧的企业家是不可能成功的，而没有忠于职守、勤于钻研、敢于探索、乐于奉献的员工，也不可能成功，要实现跨时代的发展，长盛不衰，更不可能。

英语 Time-honored brand（时间赋予的荣耀），是对那些经历了技术更迭、时代变迁，仍能在行业内保持独特甚至领先地位的老企业的准确形容。一些历史悠久的店铺品牌，由于在时间流逝中形成了雄厚的技术积淀，就拥有了无法复制的“护城河”，成为行业中难以超越的翘楚。

课堂案例

安川电机，在专注中激流勇进

安川电机株式会社总部设在日本福冈县北九州市，建立于 1915 年，是日本最大的工业机器人公司，也是世界四大工业机器人家族中的一员。安川电机是运动控制领域专业的生产厂商，也是日本第一个做伺服电机的公司，在运动控制技术和伺服电机技术领域引领世界潮流，其产品以稳定快速著称，性价比高，全球销售量大，使用行业多。它能经久不衰，发展越来越好，其中一个重要原因就是重视代代相传。它的创立、发展、壮大离不开一代代人在电机领域耕耘，离不开工程师、设计师始终扎根技术、专注研究。

【案例评析】企业犹如家族，一代代延续发展是薪火相传不可缺少的条件。只有专注技术研究，奋力发展延续，才可能实现跨时代的发展。

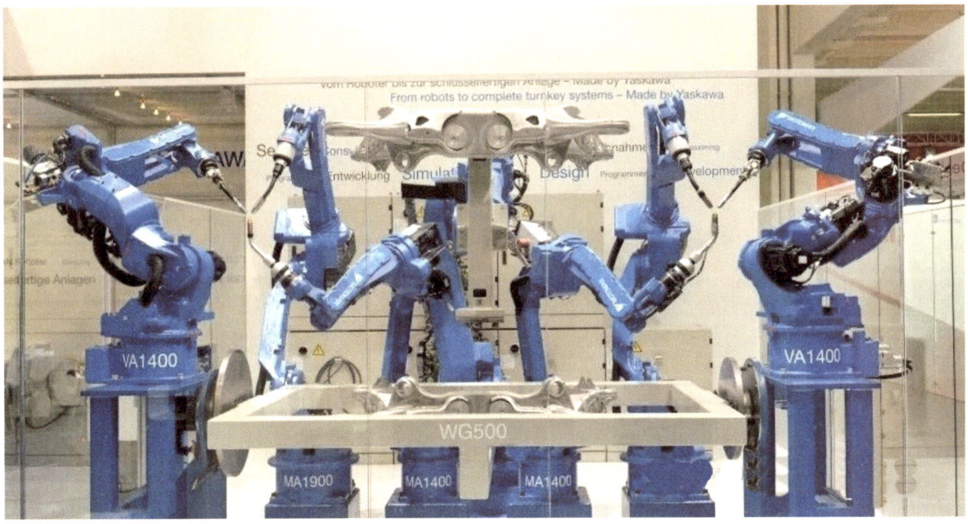

图 3-5-1　工业机器人

（四）员企一体，建设企业文化

好的企业一定是有文化的企业，企业所需的保持青春的文化基因，其中最重要的是通过利益协调，促进企业和员工双赢，实现共同发展。

“铁打的营盘流水的兵。”相对于每一位员工，企业通常是先于员工、久于员工的存在，如何让员工在服务企业的过程中实现自己，是企业管理乃至企业运行的大课题。

早期建立在“理性人”假设基础上的“计件工资制”，希望通过利益分配合理化来调动员工积极性，从而提高生产效率。这一模式相比过去的“放任管理”有很大进步，但没有看到员工不是经济动物，在物质需要之外，还有精神需要。随后，在“社会人”假设的基础上，企业开始重视建构企业内部良性的人际交往体系，尊重和满足员工对人格尊严等深层次心理的需要，人性化举措进一步提高了生产效率。20 世纪 70 年代以后，在“文化人”假设的基础上，寻求员工与企业的内在一致性，通过价值认同来减少企业管理工作量的企业文化建设成为潮流。互联网时代，技术特点和利润水平为企业协调与员工关系创造了更好的条件，无论在工资水平、工作时间、考核方式还是股权分享上，都留出了更多探索的空间。

不可否认，由于市场机制的内在逻辑，企业为获取利润，确保今天的存活和明天的发展，总会在财富分配中争取更多的份额，此消彼长的态势下，与员工利益存在冲突的可能甚至成为现实。协调企业与员工的利益，真正实现两者在价值认同上的一致，还任重道远。

（五）企业寿命，国家实力重要指标

改革开放以来，中国企业的高速发展伴随着中国经济的高速发展，今天位列世界 500 强的中国企业越来越多，尤其在互联网领域，形成了中美两国平分秋色的格局。但相比制造强国，在历史悠久的企业的数量和质量上，中国的差距仍较为明显。全球拥有百年企业数量最多的国家是日本，其次是美国，再次是德国、英国等国家。导致我国百年企业数量较少的原因是多方面的，有中国在工业化的道路上起步较晚的缘故，也有洋务运动到新中国成立前社会变动频仍的原因，还有传统文化的影响。时间不会倒流，历史不能重来。如今，在看到企业延续、技术积累对国家发展的重要性之后，越来越多的中国企业家给企业发展设定了百年的目标。

多一些有生命力、有传承的百年企业，是符合国家和民族长远利益的，中华民族伟大复兴需要长盛不衰的优秀企业，也一定能为这样的企业成长和延续提供更大的空间和更多的机会，反过来，更多的企业生机勃勃的发展延续，一定能加快中华民族伟大复兴的步伐。

（六）服务企业，成就自我

企业延续意味着劳动者拥有长久任职的机会，也必然要求劳动者与企业一起成长。以自己的职业素养、专业技能、劳动态度和创新精神，参与树立企业品牌，成就百年事业，是劳动者崇高的使命。反过来，劳动者在企业中做出重大贡献，成为企业发展的功臣，也将成为企业的标志，与企业共享成果，实现人生超越。

课堂案例

庄启传：曾是一名工人，33岁当厂长，一手打造出“雕牌”

截至2015年，在庄启传带领下的纳爱斯集团，销售额突破190亿元，位居世界日化产业第五。庄启传和纳爱斯的缘分交汇于1971年。那年，19岁的庄启传进入这家化工厂工作，那时，谁都不会想到就是这样一个年轻人改变了这家6万元起家的生产肥皂的小工厂。此后，庄启传当过工人、班组长、销售员、供应组长、供销科副科长、供销科科长、经营副厂长，按照他自己的说法，在纳爱斯，他是半步、半步走过来的，没有跨过一个整步。1987年，当选为厂长后，他勇于争先、寻求突破、敢创第一，大胆引进先进技术、进行技术革新，开发新产品、创立新品牌。1992年，成立了“浙江纳爱斯日用化学有限公司”，推出了“雕牌”超能皂，随后这只“雕”迅速飞入了千家万户。此后，纳爱斯销售业绩持续快速发展，成为中国日化的龙头企业。

（来源：人民网，有删改。访问日期：2022-03-25。）

【案例评析】庄启传是纳爱斯的功臣。纳爱斯能成为世界日化产业第五的企业离不开他“半步、半步地走”。可以说，他成就了纳爱斯，同样纳爱斯也实现了他“想让企业创第一流水平”的理想，成就了一位优秀的企业家。

思与悟

高职学生能为中国成就更多百年企业做出哪些努力？

企业的机会中包含着劳动者的机会。今天的高职生可以借国家发展的大势和企业做大做强做久的努力，施展自己的才华。未来的职业人要有胸襟，树立对国家的责任心，对企业的认同感，对技术的使命感，发扬工匠精神，践行劳动理念，在成就企业的同时，实现自身价值。

立足平凡，追求崇高！

六 能工巧匠，行走的传世技艺

扫码观看微课视频

高职学生经常被要求“学会一技之长”。对于个人来说，关注点往往在“一技”上，其实，对于人类和文明来说，“学会”才更加重要。没有学习，就没有传承，没有传承，就没有人类进步。传世技艺是人类进步的支撑！

人类进化发展的奥秘之一是劳动技能在个体间的扩散和时代间的传承，如果每一个人、每一代人都需要独立发现和发明，那会阻碍、延迟甚至会使人类的进化发展过程停滞不前。动物学家在野外观察中不止一次地发现，因为没有语言，灵长类动物不能相互传递后天形成的技能，陷入原地踏步的状态。

无论是对个人、企业，还是国家乃至人类本身来说，传承技艺都具有崇高意义，绝不能小看！

（一）传承技艺，传承文化

2020 年 12 月，我国人类“非遗”数量居世界第一的话题登上微博热搜，阅读人数高达 9700 多万次，太极拳和送王船（有关人与海洋可持续联系的仪式及相关实践）两个项目被列入联合国教科文组织的人类非物质文化遗产代表名录，至此，我国人类“非遗”数量世界第一。近年来，由联合国教科文组织发起，得到不同国家、地区广泛响应的“非物质文化遗产保护名录”在国内成为热点，其中包括不同民族创造的技能及其成果。凡是人类创造的财富，无论有形还是无形的，都应该加以珍惜，不使湮灭。作为劳动的结晶，技艺即便未能纳入“非遗”名录，也是人类财富。传承技艺，推陈出新，就是保护和创新人类文化。

劳动具有自我创造、自我更新、自我发展的特性。与生物基因演化一样，文化和劳动技能具有某种不确定性，而且越是在人类发展早期，不确定性越明显。世界不同地区的人们虽然有着相同的基本需求，却发明和发展出了不同的文化和技术。比如，在穿着方面，西装、和服、纱丽、旗袍的样式和制作各擅胜场；在饮食方面，各民族有自己的食谱、调料和制作加工方式；在家居方面，也有不同的用材、式样、风格；等等。传承技艺是保护技艺多样性的一种策略、方式和路径，其意义犹如保护生物多样性和文化多样性，都是为人类未来发展保留更多的可能性。

（二）技艺传承，经验升华

在相当长的历史时期里，劳动演进和技术积累主要表现为操作经验。个人在劳动实践中，发现某种规律性，经过简单总结，上升为理性认识，通常只在一定范围内具有可重复的有效性。鲁班发明锯子的故事就是一个在实践中总结经验的例子。鲁班是我国古代人民劳动智慧的象征，能工巧匠的代表，素有“土木建筑鼻祖”之称，许多工具的发明都被归于鲁班，其中最有名的是鲁班尺（一种建筑上使用的工具），另外锯子也是。传说有一次，鲁班上山砍树，爬坡时拉着一把野草助力，不料一阵剧痛，手被划破了。鲁班很奇怪，小小的一根草为什么如此锋利？他把野草折下来细心观察发现，野草边缘上长有许多细齿，显然手就是被这些细齿划破的。既然带齿野草可以划破手，那带齿的铁条会不会更加锋利，可以锯断大树？于是，木匠创意和铁匠技术相结合，产生了全新的工具。鲁班拿着新工具去锯树，果然又快又省力。锯子就这样诞生了。

自古以来，劳动者在生产和生活中总结出不少经验，不但用于劳动生产，还被提炼为俗语或谚语，传递人生道理。

善于总结是劳动者的重要素质，是提高技艺的有效方法，也是工匠精神的基本要点。总结经验是为了运用于实践，最初的经验具有很大的偶然性，适用范围有限，二次实践的结果有成功的，也有失败的，通过对成败经历再做总结，经验的真理性得到提高，必然性增强，适用范围扩大。如此往复，随着经验的积累和提升，技能趋于纯熟，经验趋于精粹，人在知识和技能两方面都提升了一大步。Hard Lock 螺母号称“永不松动”的螺母，不仅在日本得到广泛使用，而且在世界各地的主要桥梁和建筑物中也可以看到它的存在。这种螺母的创造发明之路是漫长的，从防回旋螺母到“U 螺母”再到 Hard Lock 螺母，其创始人为此探索了数十年，其间有失败也有成功，在数次成败经验总结的基础上，不断改进技艺，终于打造出了“永不松动”的螺母。成功的硕果难免招来同行的觊觎，很多人开始模仿，但很难仿制成功，其关键所在就是常年积累的独特技术和诀窍。

图 3-6-1　纱丽样式及制作

图 3-6-2　旗袍样式及制作

图 3-6-3　西装样式及制作

图 3-6-4　和服样式及制作

（三）人，行走的技能和经验

经验源自个人感知，处于从感性认识到理性认识的初级阶段，远未达到理论知识的层面，所以，经验一方面有知其然却不知其所以然的局限，另一方面也有语言表达上的困难。例如，“火候”对厨师来说不言自明，而在旁人听来则似有似无。

个人积累的经验需要传递或传承，而学习别人的经验，最好的方法是跟着有经验的人一起实践，师徒相传曾经是人类实现技艺传承的最经典也最有效的方式。师徒处于相同的劳动环境中，徒弟可以近距离观察师傅在什么样的情境下采取什么样的办法，取得什么样的效果，从中有所发现，再运用于自己的操作中去。在这个过程中，师傅可以从旁指导，帮助掌握“火候”，徒弟也可以比对自己操作与师傅指导的同与不同之处，引发思考，锐化观察，找出问题，重新设计应对方法。如此循环往复，不断向师傅的水平靠拢，直至超越师傅，实现技艺的创新。这是人类技术史上常见的一幕，今天仍以不同形式和程度广泛再现。

在师徒相传中，人相当于技艺的载体，如果徒弟成功继承下来，而且“青出于蓝而胜于蓝”，那么技艺不但活着，还得到了发展。要是因为各种主观或客观的原因，传承停滞甚或中断，那么技艺可能就此失传，消失在历史的长河中。有许多古代文物精美绝伦，如金缕玉衣、曾侯乙建鼓底座等，堪称鬼斧神工，但今天的技术人员以远超古人的理论知识和机器设备，却无法复制成功，正是因为制作的技艺失传了。保护非物质文化遗产的首要着眼点不是技艺的成果，而是技艺本身。“留得青山在，不怕没柴烧。”只要技艺在，成果就能源源不断，还能越做越好，而前提是掌握技艺的人在。所谓“传承”无非是技艺还活在人身上！

图 3-6-5　金缕玉衣

图 3-6-6　曾侯乙建鼓底座

（四）现代技术要求经验与理论并重

工业化给劳动技艺的传承开辟了一条新路，那就是把经验提高到知识或理论的水平，让科学与技术相结合。在近代史上，科学与技术的结合既受到工业化的推动，又推动了工业化的进程。科学以理论见长，能从学理上对技术做出逻辑论证和实验证明，确立因果关系，让劳动者对经验的有效性知其然，更知其所以然。技术要求被表达为公式、参数、工艺和规则，经过固化之后，转化为知识，并被书写下来，不再依赖于作为载体的人。这样一来，只要记载在，足够完整，且能让人充分理解，即使年代久远，后人仍有可能复活技艺。以屠呦呦为代表的中国科学家发现青蒿素，就是得到了古代中医典籍的很大帮助。要是古方停留在个人经验的层面，口口相传，而没有被记载下来，那么当代科学家能否发现青蒿素就难说了。毕竟同时期的美国科学家先后尝试了 30 多万种材料，包括动物、植物、矿石，却一无所获。至少在便于传承这一方面，知识胜于经验，这已经过劳动发展史的证明。

知识虽有长处，但不足以完全盖过经验。认知结果一旦固化，必然带来一大问题，即如何应对劳动者在实践中总会遭遇的与知识不完全一致的情形。如果强行使实践服从知识，那是典型的“教条主义”，所谓“书呆子”“纸上谈兵”，犯的就是这个毛病。以平时积累的经验来修正偏差、应对意外，才是正确的做法。如今人工智能在不少场景中所向披靡，令人难以望其项背，但相比人类智慧，机器在总体上仍显死板，原因就在于确定的知识不足以覆盖生活中必然存在的不确定性。建立在小数据基础上的劳动经验永远有依赖大数据的智能机器不可企及之处！

今天，在尖端制造领域，即便一方将所有的图纸、参数和工艺和盘托出，另一方仍有可能无法制造出同样的产品，更不用说达到同样的质量。没有经验的辅佐，知识是僵硬的，操作是僵死的，劳动没有创造力。

（五）新型学徒制，技艺传承的新路

当下，在培养技术人才的方式上，学历教育已成主流，高职教育越来越受重视，同时，新型的定制式师徒制重新归来。技艺的传授不能脱离劳动场景，师徒具有共同经验，能让僵硬的知识恢复弹性，让已有技艺在更高水平上萌发新芽。把知识和经验有机结合起来，把教师授课和师傅授艺有机结合起来，发挥整合的优势，才是最合理的技艺传承方式。

目前，职业教育正在探索现代学徒制，把学校本位的理论知识学习与企业本位的技能实践相结合，课堂教学和师徒相传双管齐下，通过产教融合、校企合作，实现育人的双主体、学徒的双身份，工学交替、岗位成才，努力培养“工匠型”技术技能人才。

拓展阅读

金华职业技术学院探索“一对多”现代学徒制新模式

金华职业技术学院通过“招生即招工、入学准员工、毕业即就业”组建学徒制“创新班”，实现现代学徒制人才培养链和产业链的有效衔接与融合。在招生前，通过与合作企业共同研讨，形成招生方案，制订符合高职学生入学要求和企业准员工标准的考核方式、内容和录取办法。在录取后，组建“学徒制班”，实施项目化、导师制教学。在毕业入职企业后享受企业提供的人才津贴和晋升政策。

“创新班”建立了关系紧密的现代契约，即校企生三方共同签订“培养协议”，同时保障了学生的学习利益，重点明确了学生的学徒身份和准员工的权利。此外，校企双方进一步明确在培养过程中各自承担的责任和义务，共同制订“现代学徒制管理细则”“学徒制导师管理办法”等一系列制度，覆盖现代学徒制培养全过程。根据学徒职业成长规律，将学生在校3年的实践学习解构为四大实践模块，分别是第一学期为期两周的职业素养导入模块，第二、三、四学期为期两周的操作见

习模块，自主安排240学时的弹性实习模块，以及第五、六学期为期10个月的独立顶岗实习模块，从初阶学徒到中阶学徒再到高阶学徒，逐级实现学徒学习成长的循序渐进。

“一对多”现代学徒制人才培养目标向复合型转变，教学场所向多企业转变，教学管理向弹性组织转变，学生的学习方式由“做中学、学中做”向“做中研、研中创”转变，在校企联合培养体制机制、工学交替教学组织以及学生综合职业能力训练与职业素养养成等方面形成有效突破，大大提高了人才培养质量和行业适应性，为中国特色现代学徒制人才培养的多元实践提供了“范式”和“样本”。

（来源：《中国教育报》，2021-06-22，有删改。）

科学在发展，技术在进步，高职教育要把学历教育和学徒制有机结合起来，使二者相得益彰。高职学生肩负着传承人类文明、参与国家发展的重任，既要有知识，也要有经验，这样才能把技艺保存下来、提升上去，以精深开发，破解别人的“独门秘籍”，打造自己的“杀手锏”。

高职学生要坚持动脑与动手并重，虚心向学，掌握知识，勤于实践，掌握技艺，推陈出新，承前启后，成为真正的“行走的传世技艺”！

思与悟

高职学生如何在传承技艺的基础上打造自己的“杀手锏”？

七　国之重器，劳动者共同铸就

自1840年以来，古老的中国在“落后就要挨打”的惨痛教训下，艰难迈上现代化的道路，其间面临着方方面面的挑战。在中国共产党的领导下，人民群众艰苦奋斗，勇于创新，攻克一个又一个技术难关，许多事关国计民生的重大项目曾经也是横亘在中华民族面前的难题，如今已被成功跨越。“大国重器”的研制成功是国家发展、民族复兴的里程碑，是劳动崇高的最强音！

扫码观看微课视频

（一）国之重器，国之栋梁

说起“大国重器”，我们的脑海里自然浮现出那些肩负荣光、成就梦想的伟大工程、伟大创举：神舟飞船、载人火箭，让星空不再遥远；三峡工程，截断巫山云雨，高峡出平湖；燃驱动力、电驱动力、绿色动力、智慧动力，动力装备在人们追逐梦想的过程中，一次次升级，为中国和世界的高质量发展，注入源源不断的澎湃动力。

其实，在不同历史时期，“大国重器”在内涵、性质、体量和研发难度上各有不同或侧重，不变的是，凡当得起这个称号的，都是国家紧迫需要的重大项目。20世纪60年代，上海江南造船厂成功研制的我国第一台万吨水压机，就是名副其实的“大国重器”，因为这对中国机器设备制造来说是不可或缺的重型装备。

图 3-7-1　神舟飞船飞向太空

图 3-7-2　三峡工程

“大国重器”顾名思义，就是中国在成长为现代大国的过程中不可或缺的重大装备和设施，可以是某项工程，可以是某种尖端设备，也可以是某项“卡脖子”技术。总之，“大国重器”，重在国家之需，重在价值之大，也重在技术之难。正因为如此，研制“国之重器”必须有“国之栋梁”，就是那些主持重大项目的首席科学家、工程师，如“两弹一星”的元勋，他们才华横溢，有“无论在哪里都可抵五个师兵力”的空气动力学家，有让老师赞叹“没见过物理像于敏这么好”的物理奇才；他们无私崇高，为了研制“两弹一星”，许多人扎根大漠，甘当无名英雄，隐姓埋名，默默奉献；他们是历史选择的一代人，更是创造历史的一代人。如“天眼”的总设计师南仁东，历经 8000 多个殚精竭虑的日子与近百次失败，成就了中国在世界上独一无二的项目——500 米口径球面射电望远镜 FAST。如突破深部探测技术空白的地球物理学家黄大年，在学成回国的七年中争分夺秒，带领团队创造了多项“中国第一”，为中国“巡天探地潜海”填补多项技术空白，为深地资源探测和国防安全建设做出了突出贡献。如实现“禾下乘凉梦”的袁隆平院士，毕其一生，在农业科研第一线辛勤耕耘、不懈探索，不仅为解决中国人民的温饱和保障国家粮食安全做出了贡献，更为世界和平和社会进步树立了丰碑……他们，不仅是理论创新的高手、技术突破的能手，还是项目管理的好手。他们是“国之重器”的功臣，是真正的“国之栋梁”，是劳动者的闪亮代表！

图 3-7-3　两弹一星先进群体像

图 3-7-4　“天眼”之父南仁东

图 3-7-5　地球物理学家黄大年

图 3-7-6　杂交水稻之父袁隆平

（二）集腋成裘，聚沙成塔

没有杰出的科学家、工程师，不会有“大国重器”的诞生；但没有千千万万的技术人员和平凡的劳动者，“国之重器”也只能停留在图纸上，甚至连图纸都无法完成。再复杂庞大的机器，总需要一个个零件来组成；再重大的项目，总需要一个个工人来完成。雄伟如长城，一块块砖石需要做出来，搬上山，砌成墙，才能屹立千年；壮阔如大运河，一锹锹泥土需要挖出来，一段段堤岸需要垒起来，才能畅通南北。近代史上积贫积弱的中国，从百年战乱的废墟中崛起，国之重器接踵问世，这中间凝结了多少看似不起眼但不可少的平凡劳动！

拓展阅读

“中国天眼”有多牛？FAST 总工程师为你解读

2021 年 3 月 31 日，“中国天眼”（FAST）正式向全球天文学家开放。“中国天眼”是什么？它是我国具有自主知识产权、用于探索宇宙的单口径球面射电望远镜。有了它，可以推动对宇宙深空的了解与探测，为天文学的发展提供新的可能。

“中国天眼”有多大？它口径 500 米，发射面积相当于 30 个标准足球场那么大。它能看多远？能看穿 130 多亿光年的区域，接近宇宙边缘。目前，“中国天眼”是世界上最大的也是最灵敏的单口径射电望远镜。

“中国天眼”设计不同于世界上已有的单口径射电望远镜，这首先体现在“视网膜”和“瞳孔”的设计上。

作为世界首创，“中国天眼”的“视网膜”是主动反射面，可以改变形状，一会儿是球面，一会儿是抛物面。具体来说，这张庞大的可动的“视网膜”是一张由 6670 根钢索编制的索网，挂在一个由 50 根巨大钢柱支撑的直径 500 米的圈梁上；索网上铺有 4450 块、380 多种反射面单元；索网下方是 2225 根下拉索，每一根下拉索都被固定在地面上的作动器上，通过操纵作动器，拉动下拉索来改变索网形状，从而对天文信号进行收集和观测。

可以说，“中国天眼”是一个现代工程奇迹，它凝结了20多个科研机构、上百名科研人员的心血，汇聚了几千名一线工人的汗水。建造条件艰苦，很多人在现场工作几天，身上就会起满红疙瘩。潮湿、阴冷的工棚没有空调或暖气，每个人的被子潮湿得快要挤出水来。常有人说，只有中国才能做成“天眼”，我想，做成“天眼”所依靠的，就是这种永不言弃、众志成城的精神。

（来源：《人民日报》，2021-04-29，有删改。）

在“大国重器”的庆功会上，既要承认不同劳动在重要性上有差异，也要坚持“劳动没有高低贵贱之分”的原则，“大国重器”是所有劳动者的集体奖牌。

如果说，这样无差别地肯定每一位劳动者，还不足以让人感受劳动者为“大国重器”做出的贡献，那不妨走近一线技术工人，了解他们用匠心铸就“国之重器”的光荣历程。

人物事迹

高铁焊接大师李万君：大国工匠传递匠心精神

每个焊缝都关系着高铁列车的安全和舒适，必须表里如一，不能有一点瑕疵。这是从事焊接工作30年的李万君做“工匠”的标准。这位五一劳动奖章获得者，凭借世界一流的构架焊接技艺，被誉为“高铁焊接大师”。

为了在外国技术封锁面前实现“突围”，他凭借着不服输的韧劲儿一次次试验，参与填补了国内几十种高速车、铁路客车等转向架焊接规范及操作方法的空白，进行技术攻关100余项。他见证了中国高铁事业的发展历程，用辛勤汗水融入每一道焊缝中，为中国梦提速。

李万君能有今天的成就也是经过千锤百炼才达到的。1987年，19岁的李万君从职高毕业，成为长客焊接车间水箱工段的一名焊工。水箱工段主要任务是焊接火车上供水的水箱、制动的风缸等。在充斥着呛鼻气味、尖锐刺耳的声音以及火星四溅的车间中，李万君披挂着厚重的帆布工作服，扣着封闭的焊帽一干就是10年。

夏天，焊枪喷射着2300摄氏度的烈焰，时间一长李万君就汗如雨下。冬天，他在水池子里作业，脚上穿着水靴身上挂一层冰。厂里要求每人每月焊100个水箱，他就多焊20个，一年下来，厚重的帆布工作服被他磨破了5套。

说起李万君的绝技，不是亲眼目睹，绝难相信——在他手中，两根仅有3.2mm直径的不锈钢丝，可以瞬间被分毫不差地对焊在一起，无须打磨，就可保证焊接处与钢丝直径一致，根本看不出是焊上的。

凭借勤学苦练、锲而不舍的干劲儿，李万君练就了一套过硬的焊接本领，在平凡的工作岗位中干出了不平凡的业绩，逐步成长为能够撑起中国制造的大国工匠。

（来源：中国数字科技馆网站，有删改。访问日期：2022-03-25。）

像李万君这样，从一个普通劳动者成长为行业领域的领军者不在少数。事实上，把事情做好了，普通人都能成大事。《中国机长》的热播让川航英雄机长的事迹广为人知：在万米高空，前挡玻璃没了的情况下，他临危不乱，依靠人工操作，挽救了整个飞机人员的生命。刘传建机长是了不起的，他在自己的工作岗位上做到了极致，成为家喻户晓的英雄。

天下大事，必作于细。事实上，在“大国重器”的铸就过程中，每一个环节都至关重要。所谓“大事”，终归要落到一桩桩“小事”上，依赖一个个具体的人去完成。“聚沙成塔，集腋成裘。”伟大的工程要从点滴做起，庞大的机器也需要螺栓垫圈。中华民族伟大复兴的中国梦就是在无数劳动者貌似平常的劳动中，一步步成为现实。

图 3-7-7　川航英雄机长刘传建

（三）为国成器，誓成重器

古人格外看重“怀才抱器”之人，今日也是如此。作为新时代的人才，既要有好的思想品质，又要有工作的才干和能力，也就是说，要德才兼备。高职学生中有志于报效祖国的不乏其人，但要在机会来临时，能为“大国重器”做出应有贡献，需要早早准备。

课堂案例

2018 年“大国工匠年度人物”——陈行行

陈行行，1990 年出生，毕业于山东技师学院。有一次，陈行行接到一项任务——制作国家某重大专项分子泵项目的一个核心零部件。该零部件不仅加工精度要求高，而且加工过程中程序调试异常烦琐，费时费力，尤其是因加工振动容易导致零件表面质量差。陈行行与技术人员一起从难点入手，通过优化铣削方式、加工刀具和工装夹具，编制合理的加工程序和发掘设备智能辅助专家系统的两个高级功能，攻克了加工振动导致的质量难题，同时消除了叶片边缘毛刺现象，不仅缩短了工序，而且加工质量更优，使加工效率提高了 3.5 倍。陈行行用 3 年时间完成了普通人需要 16 年时间达成的目标，成为单位在新设备运用、新功能发掘、新加工方式创新等方面的领军人才。

图 3-7-8　大国工匠陈行行

国防军工，代表着一个国家制造业的最高水平。身处其中的工匠们，都要无数次向技艺极限冲击。建军 90 周年阅兵，当最后出场的核导弹方队碾过屏幕，千里之外的陈行行和同事沸腾了。

陈行行表示："想到我做了哪个零件在这个里边，可能发挥着什么样的作用，感觉特别过瘾。一个人最大的自豪是，这个世界不必知道我是谁，但我参与的事业却惊艳了世界。像一颗小螺丝钉一样，在其中能够发挥一点点的作用，心里感觉到很自豪，我们是有我们的拳头的！"

（来源：央视新闻客户端，2019-03-01，有删改。）

【案例评析】从陈行行成长过程中不难发现，年轻人要想成为"国之重器"，必须心有家国，手有技能，肩有担当。从今天做起，勤奋学习，打好扎实的理论基础，认真参加实训和实习，提高专业技能，刻苦钻研技术，积极开动脑子，提出创新创意，未来才能为社会主义事业添砖加瓦，履行"国之重器"的崇高职责。正如陈行行所说："一个人最大的自豪是，这个世界不必知道我是谁，但我参与的事业却惊艳了世界。"

思与悟

古语有云："工欲善其事，必先利其器。"在校期间，高职生该为"成器"从哪些方面做好准备呢?

"大国重器"不但能包容平凡和不平凡的劳动，也能让平凡变成不平凡。

八 顶天立地，在承担大国责任中成长

"天下兴亡，匹夫有责。"自古以来，多少仁人志士以天下为己任，实践了这一慷慨宣言。历史变幻，时代变迁，无论天下，还是匹夫，都具有了全新的内涵，换作今天的话语，应该是：人类是一个命运共同体，普通人也可以为国家承担责任!

扫码观看微课视频

2012 年，党的十八大明确提出"要倡导人类命运共同体意识"，强调"在谋求本国发展中促进各国共同发展"。中国是人类命运共同体理念的倡议者和践行者，中国发展好了，对世界的责任也大了。国家的责任需要每个公民来分担，随着中国走出去步伐越来越大，劳动者为人类做贡献的机会也越来越多。

（一）对外援助中劳动者的身影

2020 年是中国开展对外援助 70 周年。中华人民共和国成立之初，百废待兴，经济不佳，财政拮据，民生艰难，尽管如此，中国克服种种困难，开始向其他发展中国家提供真诚援助。改革开放以来，随着中国经济不断发展，中国稳步扩大对外援助规模，积极创新对外援助方式，努力提升对外援助效益。70 年来，中国作为一个发展中国家，向 160 多个国家和国际组织提供不附加任何政治条件的援助，为国际发展合作事业做出积极贡献，赢得了国际社会特别是发展中国家的广泛赞誉。

国家承担大国责任的最后落实者是许许多多的平凡劳动者。医疗卫生领域是中国较早开展对外援助的领域。自 1963 年向阿尔及利亚派出第一支援外医疗队以来，中国已经向 70 多个国家派遣过医疗队。2 万多名援外医疗人员克服种种困难，发扬救死扶伤精神，累计诊治患者近 3 亿人次，在当地留下良好印象，极大提高了中国在国际舞台上的形象和影响。新冠疫情暴发以来，中国医疗队又及时出现在一些病魔肆虐的国家，医护人员

以新的姿态，履行特殊时期的大国责任。

中国在基础设施建设方面有着悠久的传统，改革开放以来，表现更加出色。帮助缺乏公共基础设施的国家兴建各类铁路、桥梁、港口等，是多年来中国对外援助的重点。中国建筑公司所到之处，逢山开道，遇水架桥，克服不利的地质、水文、气候等条件，胜利完成任务。对中国技术人员和工人来说，工程项目虽然在技术上的难度未必比国内大，但在缺乏基础设施的当地，施工中仍会遇到在国内难以想象的困难，需要技术和施工人员以自己的经验和智慧来确保项目完成。

图 3-8-1 中国援巴基斯坦瓜达尔港口

图 3-8-2 中国援埃塞俄比亚格特拉立交桥

在对外援助中，劳动者的身影不仅出现在建设和服务的现场，还以不曾到场的方式，隐藏在援建物资乃至货币的形式中：所有这一切都是中国劳动者的创造！

大国责任的底座安放在无数劳动者的肩上，无论其形象显露与否，他们都是人类命运共同体的建设者！

（二）平凡劳动，非凡意义

中国援外历来重视帮助受援国解决同民生有关的基础问题，许多项目都具有性质朴实、意义重大、影响深远的特点。除了地理地貌、水文气象、技术装备、基础设施乃至社会人文等一系列因素可能造成不利影响之外，就工作或劳动本身而言，并不一定有特别“高级”的要求，富有经验、能够解决问题的中国技术人员在当地人眼里足够当得起“专家”的身份。

图 3-8-3 中国劳动者在海外

非洲一些国家虽然水土条件不错，但农业却是弱项，尤其是水稻栽培，需求量大，但产出少。在各种粮食作物中，水稻是中国颇具优势的品种，中国既是世界上最早驯化水稻的国家，也是“超级稻”“海水稻”的发明国。发挥自己的长处，弥补其他国家的短处，对援助国和受援国来说，都具有良好的性价比。针对有些非洲国家农业落后，长期处于粮食紧缺状态，中国派出农业和水利方面的技术人员，带着特有的水稻栽培技术，前往当地开展实验，经过反复摸索，终于取得成功，然后精心指导当地人开展大面积种植，获得良好收成，改善了当地人的生活状况。

人物事迹

我在非洲种水稻

大米，对中国民众来说再平常不过，但在尼日利亚却是一个民生难题。当地人喜欢吃大米，可整个国家产量很低，每年需要进口大米超过 300 万吨，缺口很大。

2004 年，尼日利亚政府找到一家中国企业——中地海外集团有限公司，希望能帮助尼日利亚人解决吃大米的难题。2006 年，中地海外集团在尼日利亚凯比州承包了一个占地 2000 多公顷的荒废农场，派遣 9 名技术专家前往探索如何种植水稻，王学民就是其中之一。

一晃十多年过去了，这家中国企业改变了当地传统的种植模式，帮助尼日利亚增产 100 多万吨稻米，让 80 多万名尼日利亚人吃上了大米饭，还为 2 万多名尼日利亚人提供了就业岗位，带动 5000 多户当地农户增收致富。他们和当地人成了好朋友、好兄弟。

（来源：长江大学新闻网，有删改。访问日期：2022-03-25。）

许多援外项目在国内也只是日常工作，无论护理人员、建筑工人还是农业技术员，都是近 9 亿劳动者中普通的一员。在国内，他们以自己的劳动为国家创造财富，为企业增加利润，为家庭带来收入，为自己改善生活，就像每天上班一样，平常而且平凡。但一出国门，平常就变得不平常，平凡就变得不平凡，因为背后有着中国对世界的责任。这样的劳动注定不平常，这样的劳动者注定不平凡。

（三）贡献人类，高职生有机会

出国当专家，听上去就让人有高山仰止的崇高感，应该离高职生很远吧？凭自己的理论功底和技能水平，也能胜任？答案是：只要愿意努力，就没问题。

经过多年经济高速发展，中国以全世界最齐全的产业门类，在各个领域中取得明显进步，整体效果可观。虽然与最先进国家相比，中国在一些高端领域仍存在一定差距，但在不少领域中，即便同发达国家相比，也已具有一定优势，而且中国技术实用并且耐用，输出到发展中国家能够产生更好的综合效果。所以，单纯就技术而言，没有太大问题。对这一点，身在国内的大学生可能没有明确清晰的感觉，但走出国门很快就会意识到，中国劳动者拿得出手的一技之长确实不少。近年来，中餐馆成为中国劳动者在海外的创业阵地，实现了从“给华人开中餐厅”到“给全世界开好餐厅”的转变。如今，海外中餐馆数量已有数十万家。海外中餐厅的成功无疑离不开中国劳动者，尤其是中国员工特有的劳动素质，包括意识、态度、干劲、承受力、创造力和奉献精神，它们构成了中国企业攻坚克难、战胜挑战的最强悍实力。

拓展阅读

国际劳动节，向奋战海外的中国劳动者致敬

2020 年是特殊的一年，新冠疫情的全球蔓延，为海外项目推进带来巨大挑战。在我国众多海外建设项目上，无数劳动者们不畏挑战、迎难而上，严格做好疫情防控的同时，全力保障项目建设，努力将疫情影响降到最低，为世界经济和全球战“疫”增添信心和动力。

在沙特，世界上单次部署规模最大的智能电表项目——沙特 AMI 智能电表项目首批电表现场安装工作正在稳步推进。由于疫情日趋严峻，进入沙特的签证全部被拒，所有国际航班取消，国内准备的管理和技术人员无法入境，项目现场人员力量极度短缺。非常时期，现场团队成员毅然担负起 10 数倍于常规的工作量，放弃全部假期，每天平均休息包括吃饭时间不超过 5 个小时，至 2020 年 4 月底，已坚持了 3 个多月，体现了惊人的毅力和责任心。

智能电表项目是沙特为落实“2030 愿景”节能减排目标实施的重点项目之一，也是沙特建设智能电网和智慧城市的重要组成部分，自签约以来便受到沙特电力公司乃至沙特王室的高度重视。

面对业主严苛的工期考核和“战疫不停工”的要求，项目负责人周晓萌带领团队成员积极与业主及各参建单位沟通，前后方 24 小时联动，协调各方资源力量，多渠道探索定制运输方案，及时打核交付计划并调整现场施工顺序，最大化匹配发运安排和现场进度、发挥现有人员力量，保障设备供应、到场后管理分配和安装调试，追工期、赶进度、保质量，一刻也不敢松懈。

高强度高压力之下，周晓萌咬紧了牙关、从未叫过一声苦或累，在提起自己的“战友”们时，他的语气里满满的心疼与骄傲。他说，虽然时间紧、任务重，但关键时刻，团队成员没有一个人掉链子，所有人心往一处想、劲往一处使，给了他最大的信心与勇气。

（来源：国际在线，有删改。访问日期：2022-03-25。）

（四）跟着国家走出去，成就自我

随着中国进一步发展，中国与世界的交往进一步增加，中国的产业走出去，与世界对接的机会越来越多，接触面也越来越宽。今天的高职生，未来的职业人肯定有更多机会，搭上中国走向世界的这班车，在更大平台、更高层次上，实现自身价值。

改革开放以来，大量外资或合资企业进入中国，先进的生产技术和管理能力带来丰厚的市场回报，相应地，员工薪资水平也比较高，去外资或合资企业任职，一度成为众多大学毕业生的首选。但几年以后，不少人发现存在着职场“玻璃天花板”，中国员工通过努力进入企业中层不难，但要进入高层，难上加难，成功者凤毛麟角。

今天，当中国走向世界时，中资企业在国外也是一种“外资”的存在，身处其中，中国员工不会再遇见“玻璃天花板”，通过自己努力，实现职业发展，顺理成章，水到渠成。

更不用说，随着全球市场的开发，越来越多机会出现在年轻人面前，把生意做遍全世界，满足海外客户需要，促进当地经济发展，成为中国成千上万劳动者参与人类命运共同体建设的新形式。

拓展阅读

金职院响应国家倡议助力学子踏上“一带一路”逐梦之旅

“一带一路”是潜力无限的新蓝海。2013年，金华职业技术学院响应号召，依托义乌这一对外贸易中心，紧扣“一带一路”倡议的人才需求，开设了全国首个高职阿拉伯语专业。

2015级学生陶婕于2018年进入SHEIN电子商务有限公司，主要负责阿拉伯语客户的维护工作，一年后已是维护组组长。“相较于竞争激烈的欧美电商市场，中东电商市场是一片蓝海，这几年公司业务成交量不断上升，个人收入也不断提高。”陶婕自豪地说。SHEIN每年均会组织金职院阿语专业专场招聘，看中的就是专业过硬的人才培养质量。

2013级学生马俊红于2015年赴埃及坦塔大学交换学习，从零星代购开始做起，到现在逐步拥有了稳定客户群、物流和海外仓。马俊红充分运用国家帮扶政策“买世界、卖世界”，正慢慢向“世界商人”的梦想靠近。

2009级学生陈德迁的父辈在迪拜开店经营床上用品等纺织品。为更好与当地人打交道，扩大生意规模，陈德迁来到金职院就读阿拉伯语专业。毕业后，他赴迪拜学习打理生意，两年后完全接手经营，凭借互联网销售和过硬的质量，店铺年营业额不断攀升，年均超1500万元人民币。

150多个国家和国际组织，体量巨大的经贸市场，“一带一路”倡议为青年学生施展才能提供了广阔空间和巨大机遇。几年来，学生海外求学、就业、业务开展比例不断提升，在响应“一带一路”倡议的同时，也走出了自己的精彩。

（来源：浙江新闻客户端，2019-07-15，有删改。）

思与悟

如何搭上中国走向世界的这班车，在更大平台、更高层次上，实现自身价值？

中国对世界的责任，是中国劳动者的机会；中国劳动者的努力，构成中国对人类的贡献。当平凡劳动与大国责任融为一体的时候，平凡就是崇高！

■ 第四篇章

劳动最光荣

■ PART 4

引言

劳动源于人与自然的交换，人们付出辛劳，就要收取回报，劳动有回报，人类才有进步！

劳动产生分工，分工要求每个人用自己的劳动成果换取别人的劳动成果，能换到的成果越多，说明劳动回报率越高。

劳动者享受劳动成果，天经地义。一般而言，劳动越努力，效率越高，劳动者享受的成果就越多。这既符合自然规律，符合市场逻辑，也符合道德要求。

劳动最光荣，说明劳动得到国家和社会的制度性认可，劳动回报得到法律保护，劳动者获得全面发展，政治定位、社会身份、经济收入、职场晋升和历史地位，都是体面劳动和劳动者尊严的落实和体现。

一　政治地位，社会主义国家的主人

扫码观看微课视频

1956 年 9 月，中国共产党第八次全国代表大会在北京召开，这次会议向全世界庄严宣告：社会主义的社会制度在我国基本建立。从人类历史发展的角度来看，社会主义制度与劳动有着不解之缘。

（一）劳动，从历史深处走来

劳动创造人类，推动历史进步，并在历史进步中实现自身的进步。从被迫劳动到自由自主劳动，是劳动进步的一般轨迹，而其转折点是社会主义制度的建立。

劳动需要付出，克服自然障碍和人的惰性的过程往往伴随着辛苦乃至痛苦。从人类走出原始社会开始，劳动长期同奴役联系在一起，面对棍棒甚至死亡的威胁，奴隶或农奴不得不劳动。在被迫的状态下，劳动不会有体面，劳动者更不可能有尊严，劳动光荣是不可想象的。

图 4-1-1　刀耕火种

资本主义制度给了劳动者自由，但只是作为生产要素的流动自由，这种自由不是为了满足劳动者作为人的需要，而是为了满足资本增殖的需要，因为服从市场竞争逻辑的劳动力自由流动有利于提高劳动效率，可以让资本更快更好地增殖。随之而来的是饥饿代替棍棒成为驱使劳动者努力工作的力量，为了维持生存，劳动者不得不接受劳动。在资本主义制度下，劳动不是目的，只是手段，劳动者受剥削的命运没有改变，改变的是剥削效率。劳动创造价值，但资本更关心劳动者创造的剩余价值。劳动依然卑微，劳动者依然被侮辱、受损害。

（二）空想社会主义，开启劳动光荣

空想社会主义在人类历史上第一次提出了劳动光荣，不劳动者是寄生虫，劳动者享有劳动成果等一系列观念。圣西门在《日内瓦书信》中发出了“人人应当劳动”的号召，傅立叶对劳动成果“按比例分配”进行了专门研究，并曾试图说服当时的统治集团接受

社会主义原则，结果被证明只是徒劳。欧文则进行了一系列的社会实验，其中最著名的就是他所创办的新和谐公社。1824年，欧文变卖了所有家产，与四个儿子和一批朋友联合一些同道，从英国来到美国，他们在印第安纳州购买了3万英亩土地，筹划建立一个名叫“新和谐公社”的理想社会。“新和谐公社”是一个完全独立的社会。在这个公社里面，全体成员共同劳动，共享劳动成果，全体成员按照年龄大小从事各种劳动。儿童一律无条件入学，也参加一些力所能及的劳动。在这里，劳动光荣第一次由理想变为了现实。但是，欧文没有从人的“类本质”高度看待人与劳动的关系，没有认识到资本主义制度才是造成工人阶级受剥削、毫无地位的根本所在，反而幻想在资本主义制度的基础上建设属于劳动者的天堂，其失败的结果也是注定的。

图4-1-2　圣西门

图4-1-3　傅立叶

图4-1-4　欧文

马克思把社会主义从空想变成科学。他认为，正是通过劳动，人类才得以改造自然，创造财富，创造人类社会。也正是因为凝结了共同的人类劳动，不同的商品才能够进行交换，商品才有了价值。所以说，劳动是人区别于动物的标志，是人的“类本质”，劳动是一切价值的来源。同时，人类发展的历史就是生产发展的历史，要想把握人类社会的发展变化就必须从劳动入手，从生产力和生产关系的矛盾运动入手。从资本家对工人的残酷剥削中，马克思尖锐地指出了资本家侵占劳动者剩余价值的实质。从而得出结论，只有在社会主义制度下，“各尽所能，按劳分配”的原则才能得到贯彻，劳动者当家做主的原则才能得到根本落实，劳动光荣、劳工神圣的目标才能真正实现。

图4-1-5　中国工农红军军旗

（三）劳工神圣，出发时的宣言

中国共产党从成立之日起，始终把劳动者放在核心地位。党旗上的镰刀锤子图案象征着以工人和农民为代表的劳动者，第一次国共合作建立在“联俄，联共，扶助农工”这三大原则基础上，中国共产党独立领导群众开展的解放运动被称为“工农革命”，共产党领导的武装力量被称为“中国工农红军”。中国共产党的旗帜上闪耀着劳动的荣光，劳动者的荣光！

中华人民共和国成立之后，劳动者的地位得到空前提高，劳动光荣成为时代风气。改革开放以后，劳动内涵得到了进一步扩展和深化。1988 年 9 月，邓小平同志在全国科学大会上提出的“科学技术是第一生产力”的论断，肯定了脑力劳动的价值，让更多的劳动类型获得政治上认可，劳动光荣的逻辑覆盖了更多的社会群体。

在 70 多年的社会主义建设热潮中，劳动者以国家主人翁的态度，充分发挥生产劳动积极性，让中国从积贫积弱到摆脱绝对贫困。从根本上说，这一切成就的取得都是全国人民尤其是亿万劳动者艰苦奋斗的成果。光荣属于劳动，光荣属于劳动者！

拓展阅读

申纪兰：永远的人民代表

申纪兰，1929 年出生于山西省平顺县山南底村。抗战时期，她就担任过村里纺花织布小组的组长。一嫁到西沟村，她就积极参加劳动。1951 年西沟村成立初级农业合作社时，她成了副社长。这对奉行“好男人走到县，好女子不出院”古训的山里人来说，已让人刮目相看。但在她心里，有一个坎始终过不去：为啥妇女的劳动报酬要少一半？

申纪兰介绍说，按照当时的分工计酬方式，如果男人干一天活计 10 个工分，那么妇女只能计 5 个。不平等的报酬又挫伤着妇女的劳动积极性，很多妇女只愿意干“家里活”，不愿出门参加社会劳动，而这又成为阻碍妇女地位提高的关键。

为了让妇女得到真正的解放，申纪兰走家串户，向妇女宣传“劳动才能获得解放”的道理，同时努力做男社员的思想工作，积极争取男女同工同酬。

经申纪兰申请，社里专门给女社员划出一块地，和男社员进行劳动竞赛。男社员认为稳操胜券，该休息就休息；被发动起来的妇女为了争取自己的权益，始终在田间争分夺秒。最后，女社员赢得了竞赛。

这场劳动竞赛在西沟村产生了意想不到的效果，许多男社员都开始支持男女同工同酬。

1954 年 9 月，在中华人民共和国第一届全国人民代表大会上，申纪兰提出的“男女同工同酬”倡议被写入了中华人民共和国第一部宪法。

（来源：人民网，有删改。访问日期：2022-03-25。）

（四）共商国是，劳动者政治参与

在中国特色社会主义制度下，人民当家做主，劳动光荣得到制度上的保障。中华人民共和国国徽上镌刻着麦穗和齿轮的图案，象征着劳动者在国家政治生活中的神圣地位。在作为国家权力机关的人民代表大会中，各行各业的劳动者担任各级人大代表，在具有中国特色的政治协商会议中，各级政协中都有不同行业的劳动者组成的界别。在第 13 届全国人大代表中，一线工人农民代表占代表总人数的 15.7%，专业技术人员代表占总人数的 20.57%，所占比重分别比上一届提高了 2.28 和 0.15 个百分点。此外，代表工人的工会组织不但具有法律地位，各类企业都必须建立工会组织，建有工会的企事业单位等需缴纳工会经费，工会代表以界别身份参加政协，开展参政议政。自中华人民共和国成立以来，在不同时期都有在平凡岗位上做出优异表现的一线劳动者走上各级党委和政府的领导岗位。劳动光荣是原则，是理念，也是现实！

拓展阅读

全国劳动模范顾卫东：从小旅店到人民大会堂

顾卫东出生在黑龙江省萝北县宝泉岭农场，从小就爱好解决各种各样的难题，甚至达到痴迷的程度。为了接受到更好的教育，小学五年级时，顾卫东跟着姑姑辗转来到江苏省仪征市继续学习。当时姑姑所在的单位正在建设中，附近荒无人烟，半年内顾卫东只能住在小旅店里，无学可上。但他并没虚度光阴，而是多方寻觅，找来了几本初中代数教材，半年时间，他就学完初中的代数课程。通过努力，顾卫东成功考入西北工业大学飞行器制造工程专业。

毕业之后，顾卫东来到了哈尔滨飞机工业集团。和很多大学生一样，刚进厂的顾卫东从基层干起，担任汽车模具设计员。刚工作的近两个月里，顾卫东就画了上千张A4图纸，在那个手绘图纸的年代，这数量是非常惊人的。入职后不久，顾卫东就升任为组长。1994年，哈飞航空产品逐渐形成规模，顾卫东主动投身航空，成为飞机模具科的一名设计员。薪水少了，但“题”多了。顾卫东的乐趣在于给出方案并找到质量更好、效率更高的方式，解题永无止境。700多个零件，700多道题，题的答案在生产现场，也在他的笔记本上。他为每一个零件绘制图形，记录加工方法、存在问题和改进方向，使每个零件都有“档案”。

随着时间推移和型号任务变化，顾卫东解决了更多难题，渐渐走上领导岗位，负责的型号也越来越多。无论岗位如何，年华几许，顾卫东始终保持着热爱与执着。2020年11月24日，因为工作中出色的表现，顾卫东获全国劳动模范荣誉称号，他说：“这不只是对我个人的肯定，更是对每一位劳动者、对哈飞人、对航空人的认可。”顾卫东这样诠释“全国劳动模范”背后的意义。

（来源：学习强国，2020-12-14，有删改。）

党的十九大报告宣布，中国社会的主要矛盾已经从“人民日益增长的物质文化需要同落后的社会生产之间的矛盾”转变为“人民日益增长的美好生活需要和不平衡不充分的发展之间的矛盾”。中国迈进了新时代，这既是劳动创造历史的最好证明，是对劳动光荣的最好论证，也为劳动本身变得更加美好，为劳动者全面发展，创造了条件，指出了方向！

思与悟

社会主义制度下劳动者享有什么样的地位?

让我们大踏步向着美好生活奋进，劳动最光荣！

二 社会荣誉，向劳模致敬

扫码观看微课视频

新中国成立后，全社会劳动观念和劳动态度焕然一新。工人农民登上政治舞台，成为国家主人翁。劳动和劳动者的社会地位空前提高，极大激发了人民群众的劳动积极性，一改过去被迫劳动的消极面貌，自觉、自主、自愿参加劳动成为社会主流，生产领域中劳动竞赛高潮迭起，各行各业崛起一大批劳动模范，劳动光荣有了生动的体现。

（一）劳模，引领风气

党的二十大报告指出：“在全社会弘扬劳动精神、奋斗精神、奉献精神、创造精神、勤俭节约精神，培育时代新风新貌。”劳动者在各自的工作岗位辛勤劳动、创造不凡业绩，理应得到充分肯定和庄重褒奖，以表达国家态度，引导社会风气。劳动模范这一光荣称号的提出并得到制度化，在这个方面起了巨大的促进作用。

自古以来，中国就有国家或地方“旌表”个人，为全社会“作则”的传统，但着眼的主要是道德操守，如忠孝节义，具有明显的时代局限。新时代以劳动态度和工作绩效作为社会倡导的标准，表达了对劳模个人努力的认可，也是对全社会劳动观的塑造和引领。

图 4-2-1 传统旌表

劳动模范由评选产生，面向所有劳动者，只要在社会主义建设事业中展现全新风貌、做出巨大努力、取得卓著成绩的劳动者，通过一定程序，经有关部门审核和政府审批后，都有机会获得这一荣誉称号。

劳动模范根据遴选范围不同，有不同层级。由中共中央、国务院授予的劳动模范为“全国劳动模范”，是国家授予劳动者的崇高荣誉。由省、部委授予的为省、部级劳动模范。有些市、县和大企业也评选劳动模范。无论哪一级劳动模范，都表明了一定范围内社会的认可，是劳动者享有的荣誉。与全国劳动模范相同级别的还有“全国先进生产者”“全国先进工作者”等称号。此外，还有全国总工会颁发的“五一劳动奖章”、各级妇联颁发的“三八红旗手”、共青团颁发的“中国青年五四奖章”以及各社会群众团体颁发的奖章和荣誉称号。

图 4-2-2　各类劳动模范勋章

自 1950 年至 2020 年，国家先后召开 16 次表彰大会，表彰全国劳动模范和先进工作者超 30000 人次。70 年来获得各级各类荣誉称号的劳动者不计其数，当选劳动模范和其他先进人物成为一代代劳动者的愿望和追求。

劳模的划分因具体的条件和内容不同存在类型上的区别，但其体现的对劳动的尊重和对劳动价值的认可是一样的。尊崇劳动、褒奖优秀劳动者，是全社会的共同价值观和普遍做法。

（二）劳模，与时俱进

劳动的内涵随时代而变化，劳动模范的评选标准也与时俱进。在工业化水平比较低、产业结构比较简单、科技和金融含量不高的时期，劳动模范中一线工人占比较高，平凡岗位上涌现出许多劳动模范，至今影响犹在。改革开放以后，经济快速发展，产业迅速升级，劳动的内涵得到极大拓宽，更多领域中的先进劳动者进入劳模行列。

拓展阅读

变的是面孔　不变是精神

新中国成立初期，国家一穷二白，百废待兴，而体力劳动者成为国家建设的主力军，相应的，这段时期劳模大多是体力劳动者。正是由于他们的付出和辛勤劳动，社会主义建设才积累了深厚的基础。直到今天，提到那些可爱的体力劳动者，人们都会想到一些典型人物。比如梁军，新中国第一位女拖拉机手，也许很多人并未听说过这个名字，但更多人都会熟悉她的形象。中国人民银行发行的第三套人民币的一元面值纸币上，印的就是她。梁军原是哈尔滨市农机局总工程师，是新中国女性使用机械垦荒的第一人。如今，梁军已满头华发、步履蹒跚。但谁都不会忘记一元面值纸币上英姿飒爽的女拖拉机手。无数这样的劳模，推动着社会主义事业犹如一轮初升的太阳，光耀神州大地，焕发出新中国蓬勃的朝气。

20 世纪五六十年代，土地改革逐步推行，基础设施建设大力推进，一线工人、农民成为社会主义建设的主力军。比如大庆油田的王进喜，以苦干著称，因用自己身体制伏井喷而家喻户晓，人称“铁人”，如今看来，“铁人”是一个时代的劳动者符号。在那时，“老黄牛”型劳动者是当时劳模具有的特点。改革开放初期，劳模形象陡然一变。一些“高大上”的行业领军人物开始登上舞台，比如一些“知识型”工人、科学家、企业家和专职技术人员。如今看来，那时即将起航的改革，在用新的劳动者形象积蓄力量。

进入 21 世纪，知识、科技与创新，成为形容劳模的新关键词。不拘一格选劳模，对新兴社会群体予以关注，成为这一阶段的鲜明特色。外来务工人员也开始大量进入这个名单。据统计，在 2005 年的劳模评选中，30 多位私营企业家和 20 多位外来务工人员入选。比如这一时期从外来务工人员中走出的全国劳模彭心强。他从搬砖提泥的力工做起，通过自己的努力与拼搏，成为一名远近闻名的建筑技师。

（来源：中国文明网，有删改。访问日期：2022-03-25。）

一部劳模史，从一个侧面记录了新中国的成长轨迹，其中有变的，也有不变的。首先，劳动者的形象随着国家发展阶段的不同而变迁，从朴实的体力劳动者为主到各类劳动者各展风采。其次，无论时代如何变迁，劳动者面孔如何变化，不变的，是这个国家对辛勤劳动的褒扬和对劳动者的尊重。最后，虽然劳模来源多样化了，但一线劳动者始终占据相当高的比例。

2020 年 11 月 24 日，全国劳动模范和先进工作者表彰大会召开，会上共表彰 2493 人，其中全国劳动模范 1689 人、全国先进工作者 804 人；企业职工和其他劳动者 1192 人，约占总人数的 47.8%；农民 500 人，约占 20.1%；机关事业单位人员 801 人，约占 32.1%。

（三）劳模精神，历久弥新

“人是要有点精神的。”回溯过往，劳模之所以能在自己的领域中有优异的表现，是因为他们都是有精神的人。

劳模构成随时代变化，劳模精神则历久弥新。“爱岗敬业、争创一流，艰苦奋斗、勇于创新，淡泊名利、甘于奉献”构成劳模精神的具体内容，也是成为劳模的必备条件。

“爱岗敬业、争创一流”，反映出劳动者的工作态度。劳动有分工，工作有轻重，但无论什么岗位都对应了社会需求，有其存在的必要。正确对待劳动，干一行爱一行，保持认真负责的态度，才能在平凡的岗位上做出不平凡的业绩。事实上，历届当选劳模中都有在平凡岗位上勤勤恳恳、兢兢业业，做出令人刮目相看的业绩的劳动者。

人物事迹

全国劳模徐川子：很多创新技术的灵感都来自生活

徐川子，女，1985 年出生，浙江省电力有限公司杭州供电公司滨江供电分公司市场客户部（互联网事业部）主任，国家一级注册计量师、高级工程师。毕业后她进入国网杭州供电公司，成为一名装表接电工时，有人问她：“这个活是男人干的，你可以吗？”2020 年 11 月 24 日，当徐川子站在全国劳动模范和先进工作者评比表彰活动现场，胸前别着全国劳模奖章时，这些疑问都有了答案。

徐川子出生在富阳区清江口岸的老街，离家不远的场口变电站，是她父亲工作的地方。变电站里的电箱、电网，穿着蓝色工作服的大人，父亲的“安全提示”等，构成了她记忆中的故乡。从小耳濡目染，她毫不犹豫地选择从事这个行业。

基层的锤炼很磨人，每一次装电表都要很沉得下心。徐川子说，最难的是夏天，外面40℃，变压器房间就有近50℃。在火炉般的屋子里，他们要挂电表、接线、通电、调试、检查，一套流程下来，衣服肯定湿透了。然而，只要是她接的电表，线路肯定排得整整齐齐的。同事说，看一眼线路的拐角，就知道是不是川子做的，因为她总会把拐角扭成正儿八经的90度，跟工艺品似的。

徐川子获得过很多专业奖项，还荣获了“2019联合国全球契约中国网络可持续发展先锋人物”称号。这份殊荣的背后，跟一张绿色“碳单”有关。她手中的“碳单”，是她所在的国网杭州供电公司推出的一款互联网节能产品。依托于徐川子负责开发的“智慧绿色民宿”系统，这款产品接入了杭州数百家民宿的用电数据，经过运算后生成能耗排名榜单，并向每间客房推送电子“碳单”，以创新方式倡导绿色用能。

图4-2-3　全国劳模徐川子

徐川子说，现在全浙江已经有500余家酒店用上了“碳单”，跟同期数据相比，一年能减少约10%的能耗。

（来源：杭州网，有删改。访问日期：2022-03-25。）

“艰苦奋斗、勇于创新”，反映了劳动者的意志品质。劳动犹如物理学上做功，总要克服各种阻力，不可能轻松安逸。在国家处于发展攻坚阶段的当下，劳动者需要以顽强意志，迎难而上，想方设法，克服艰难险阻。时代楷模理当展现百折不挠、锐意创新的“精气神”。

课堂案例

这是我们的芳华　年轻省劳模以奋斗致青春

年轻的劳模是时代最敏锐的“晴雨表”和风向标，他们身上有许多标签——勇敢、果断、热血、有想象力……他们来自最广大的产业工人队伍，因创新力脱颖而出。

来自吉利汽车研究院（宁波）有限公司的装调工范武是“90后”，他和同龄人吕洋有着相同的价值观——奋斗的青春才是无悔的青春。

在车间工作的7年间，范武几乎参与了吉利汽车近年所有车型的装配工作。他探索新技术，参加数项国家级项目，解决业内试制难题，并大幅缩短研发周期，提高生产效率20%以上。这是一个年轻劳模的汽车梦，也是年轻一代的奋斗缩影。

（来源：《浙江工人日报》，2019-05-01，有删改。）

【案例评析】身着电工服的范武，只是宏大劳动场景中的一个小圆点，然而，他用奋斗让这个小圆点格外闪光。时代巨变，初心不渝，总有人接过接力棒，在最好的年华里，延续着青春的力量和热情，延续着劳动者的芳华。

“淡泊名利、甘于奉献”反映了个人的道德境界。劳动者以劳动谋生，天经地义，但如果仅仅停留在这个层面，完全从物质报酬或社会名声的角度来看待劳动，“拿一份钱，出一份力”，对工作挑三拣四，就不足以充分体现劳动的深刻内涵，不足以完全展示劳动者作为国家建设者、历史创造者的崇高定位。事实上，许多劳动模范都置个人得失于不顾，放弃眼前利益，在自己的岗位上做出了远超工资收入和社会期待的业绩，奉献于国家发展、科技创新和社会进步。他们的业绩固然骄人，他们的精神更加感人，国家和人民给予的荣誉，他们当之无愧！

人物事迹

“大国工匠”鹿新弟

鹿新弟是一汽解放大连柴油机有限公司高级工程师，参加工作几十年来，他从一名普通工人成长为我国内燃机行业柴油机装调与试验知名专家型技能人才，被誉为“柴油机调试大王”，先后荣获全国劳动模范、中华技能大奖、首届辽宁工匠等荣誉称号。截至 2021 年，他累计完成创新成果 526 项，为企业创造经济效益上亿元，成为 7 获省部级科技进步奖、6 获国际发明展览会金奖、拥有 23 项国家专利的“大国工匠”。

（来源:《新华每日电讯》，2021-04-23，有删改。）

劳模是国家为所有劳动者创设的制度化发展通道，“有志者，事竟成”。劳模仅仅代表了众多劳动者的一部分，更多的劳动者辛勤劳动，甘当无名英雄，他们同样值得祖国为之骄傲。

高职学生是未来的职业人，身处大有可为的历史新时代，要弘扬劳模精神，努力通过辛勤劳动，创新探索，建功立业，报效祖国，造福社会，成就自己。将来，无论从事什么职业，工作在什么岗位，都要坚信只要努力奋斗、刻苦勤奋，终会劳有所得，都可以在平凡中创造伟大成绩，都有可能成为劳模光荣行列中的一员。

劳动光荣，劳模光荣！

思与悟

如何看待新时代劳模精神的弘扬与发展？

扫码观看微课视频

三 体面劳动，在法律的守护下

在社会主义制度下，劳动光荣既是尊重和推崇劳动的价值观，也是法律保障下的社会现实，体面劳动和劳动者全面发展，是劳动光荣不可缺少的内涵，需要法律来促进、维护和保障。

（一）体面劳动：劳动光荣的日常表达

对亿万劳动者来说，劳动光荣直接体现在劳动的体面和劳动者的尊严上。体面劳动内涵丰富，但在日常生活中常有简单朴素却又形象生动的表达。如果一个人乐于让人知道自己所从事的劳动或所在的单位，凡有谈及，都倍感“有面”，那可以断定，这种劳动无论是在当事人还是旁观者看来，都是体面的、光荣的。社会存在决定社会意识，劳动光荣需要以现实生活作为基础，体面劳动必须具有物质性内容。

习近平总书记在 2013 年 4 月 28 日同全国劳动模范代表座谈时的讲话指出：“要坚持社会公平正义，排除阻碍劳动者参与发展、分享发展成果的障碍，努力让劳动者实现体面劳动、全面发展。”

体面劳动既包括劳动场景符合人性要求，劳动条件满足安全需要，也包括劳动收入足以维持合理的生活水平，劳动者在生产和生活中得到应有的尊重。劳动光荣必然要求充分尊重和保障劳动者的权益，为劳动者创造自由、平等、安全的劳动环境，保证劳动者在自由、公正、安全和有尊严的条件下从事劳动，劳有所得，报酬合理，并能分享社会发展成果。

体面劳动不是静态不变的，随着经济发展和社会进步，体面的内涵也随之得到丰富与充实，水准不断提高。在中国，体面劳动概念的提出并得到广泛接受，既是社会主义制度的内在要求、经济发展带来的实际成果，也是助推经济转型、产业升级的精神动力，更是劳动光荣的现实体现。劳动光荣建立在劳动体面的基础上，而体面劳动则必须建立在制度尤其是法律的基础上。

（二）法律法规：从最低工资到生产安全

社会主义市场经济体制决定了劳动者和企业之间处于一种既相互依赖，又彼此竞争的利益格局之中。没有企业，劳动者难以找到工作岗位，无法同生产资料相结合，无法创造财富；没有劳动者，企业空有资金、厂房、设备和技术，创造不出财富。只有劳动者和企业结合，劳动才能产生价值，企业才能创造财富。

财富在企业和员工之间进行分配，从眼前看，一方多得，另一方必定少得；从长远看，只要生产上去了，利润增加了，在做大了的蛋糕中，各方实际获得的数量都会有增加。这就为法律调节企业与劳动者关系提供了空间。

在相当一段时间里，中国处于工业化前期，资本缺乏，而劳动力丰沛，两者之间存在严重的不匹配。经济学理论在分析 40 年来中国经济高速发展时，往往将“人口红利”作为重要影响因素，劳动力供大于求，降低了企业用工成本，而产品价格低，增强了国际市场上的竞争力。但反过来，劳动者在与企业的博弈中处于弱势地位。在供求关系难以改变的特殊时期，要舒缓劳动力与资本之间的紧张，促进劳动关系的和谐，必须依靠国家制度尤其是法律。

法律是国家用于调节劳动关系的主要手段，其职能是维护公平与正义，在企业与劳动者强弱失衡的情境中，法律理当发挥调节强弱、恢复平衡的作用，为维护好广大劳动者的合法权益提供保障。

近年来，职工合法权益的法律保护覆盖的范围越来越广，从劳动合同、最低工资、社会保险、安全生产，到个人所得税起征点提高、税前扣除的项目增加，还有职务发明的知识产权更多地归属科技人员个人等。

根据《最低工资规定》，最低工资标准一般采取月最低工资标准和小时最低工资标准的形式。月最低工资标准适用于全日制就业劳动者，小时最低工资标准适用于非全日制就业劳动者。

课堂案例

北京最低工资标准 8 月起上调至 2320 元

2021 年 6 月 11 日，北京市人社局发布消息，从 8 月 1 日起北京市调整月最低工资标准。其中，月最低工资标准从 2200 元调整到 2320 元，增加 120 元，上调幅度为 5.45%。小时最低工资标准由每小时不低于 12.64 元调整到每小时不低于 13.33 元。目前，在实施最低工资标准的 31 个省区市中，上海月最低工资标准最高，达到了每月 2480 元。上海、广东、北京、天津、江苏、浙江这 6 个省市月最低工资标准超过 2000 元。

（来源：光明网，有删改。访问日期：2022-03-25。）

【案例评析】最低工资的提升直接带来了一线劳动者的工资增长，主要通过提升一线劳动者的基本工资和加班费基数的方式促进劳动者的工资增长，为劳动者的劳动报酬收入增加提供了法律保证。

不仅如此，在社会保险方面也在逐步完善。人社部数据显示，从 2012 年至 2020 年，企业职工月人均养老金由 1686 元增长到 2900 元左右，全国月平均失业保险金水平由

686 元提高到 1506 元。

对劳动者来说，劳动安全具有特别重要的意义。如果把参加劳动视为一种投资行为，工资水平、社会保险和其他各种待遇可以视为赢利部分，那么安全生产就相当于最大的风险成本，一旦发生安全事故，轻则受伤，影响今后劳动和收入，重则死亡，相当于投资损失殆尽。安全之重要，可见一斑。在这个问题上，不仅劳动者需要小心谨慎，严格遵守规章制度，不存侥幸之心，不做冒险之举，企业更要切实承担起安全责任人的职责，堵住一切制度、设备和技术漏洞，防范事故尤其是重大事故的发生。为了确保安全生产，相关法律法规不断细化，从责任主体、技术标准、监管程序、责任划分等各个方面加以明确，尽最大努力，体现了国家对劳动者生命和健康安全的负责态度，大大减少了重大事故的发生。安安心心工作，开开心心回家，既是体面劳动的要求，也是劳动光荣的体现。

（三）法制健全：和谐劳动关系的保障

党的二十大报告指出："健全劳动法律法规，完善劳动关系协商协调机制，完善劳动者权益保障制度，加强灵活就业和新就业形态劳动者权益保障。"事实上，近年来，随着中国经济发展和社会进步，我国法治体系不断健全与完善，法律认定和维护的劳动者权益明显扩展，执行力度大为加强，企业与员工之间直接发生冲突的事件明显减少，通过仲裁、调解和诉讼解决矛盾，成为主流，以前每到年底就成为社会热点的外来务工人员索讨欠薪事件大幅减少。越来越健全与完善的法律制度，为构建和谐的劳动关系提供更为坚强的保障。

> **相关链接**
> 《保障农民工工资支付条例》全文 http://www.gov.cn/zhengce/content/2020-01/07/content_5467278.htm

比如，法律对用人单位的相关规章制度的制定有着严格的程序性要求，根据《中华人民共和国劳动合同法》，用人单位应当依法建立和完善劳动规章制度，但前提是这些制度必须在法律的框架之内，而且要得到劳动者的同意。

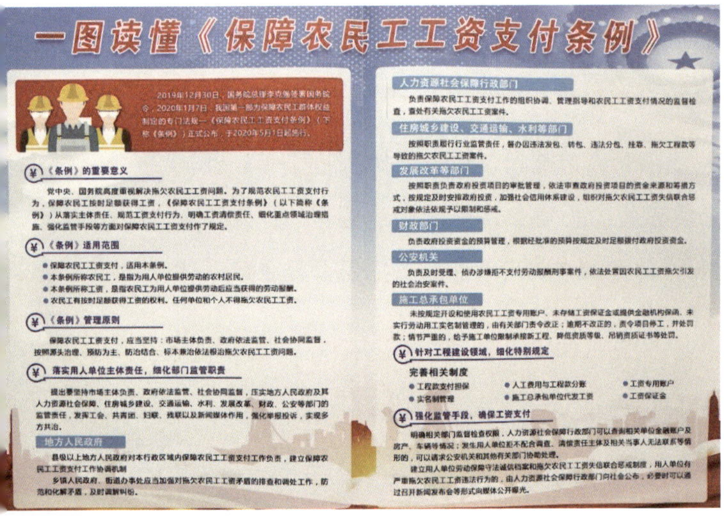

图 4-3-1 《保障农民工工资支付条例》

同时，我国出台了一系列法律法规和政策措施，刑法修正案（八）将"恶意欠薪"纳入刑法，通过刑法的威慑力和惩罚性，让涉案企业引起重视，及时足额支付农民工工资，为农民工追讨劳动报酬撑起法律的"保护伞"。

2020 年 5 月 1 日起正式实施的《保障农民工工资支付条例》，明确要求对拖欠农民工工资涉嫌构成拒不支付劳动报酬罪的，及时移送司法机关追究刑事责任。

拓展阅读

2020年“五一”起，农民工工资有专门法规保障了

作为我国第一部保障农民工工资权益的专门性法规，自2020年5月1日起施行的《保障农民工工资支付条例》，围绕根治拖欠农民工工资目标，坚持源头治理、全程监管、防治结合、标本兼治，进一步规范工资支付行为，明确工资清偿主体。专门针对工程建设领域欠薪问题作出特别规定，通过实行农民工工资专用账户管理、实名制管理、施工总承包企业代发工资、工资保证金等制度，全链条治理欠薪问题。明确用人单位主体责任和法律责任，对违法行为加大联合惩处力度。细化政府属地责任和部门监管责任，打造监管闭环，加强监督监察，形成治欠合力。

《条例》的实施，将进一步推动建立健全欠薪零容忍的制度体系、监管有效的工作格局、惩处有力的执法机制，推动有效解决拖欠农民工工资问题，切实维护农民工工资报酬权益。

（来源：人民网，有删改。访问日期：2022-03-25。）

此外，随着新就业形态劳动者数量的大幅增长，出现了如无法获得工伤保险、失业保险等新问题，《人力资源和社会保障事业发展“十四五”规划》强调将建立健全新就业形态劳动者劳动权益保障机制；制定职业伤害保障试行办法，推进平台灵活就业人员职业伤害保障试点；放开灵活就业人员在就业地参加社会保险的户籍限制，让滴滴司机、外卖骑手等不再“裸奔”。

拓展阅读

着力增加一线劳动者劳动报酬

人力资源和社会保障部在网站公布了《人力资源和社会保障事业发展“十四五”规划》。规划对完善社保制度，深化企事业单位收入分配制度改革等作出了全方位部署，有不少政策性突破，社保、养老金、工资收入等方面未来5年将发生一系列变化。

例如，灵活就业人员工伤保险，即推进平台灵活就业人员职业伤害保障试点；放开灵活就业人员在就业地参加社会保险的户籍限制。

权威数据显示，我国灵活就业人员已达2亿人，近年来新就业形态劳动者数量大幅增长。2020年，共享经济提供服务人数约8400万人。但是按照现行规定，灵活就业人员与从业单位之间属于非稳定劳动关系，无法获得工伤保险、失业保险等制度保障。

按照相关部门部署，下一步将明确互联网平台企业保障劳动者权益的责任，为平台灵活就业人员提供与工伤保险待遇总体一致的公平保障，让外卖骑手等不再“裸奔”。

（来源：光明网，有删改。访问日期：2022-03-25。）

随着国家法治建设的步伐不断加快，劳动者合法权益得到制度的有力保障，体面劳动和劳动者尊严正逐渐成为亿万劳动者的切身感受，成为劳动光荣的坚实支撑！

思与悟

如何用法律来保护自己的劳动权益?

四 收入增长，共享经济发展的成果

扫码观看微课视频

“各尽所能，按劳分配”是社会主义的分配原则。“先富带后富，实现共同富裕”是中国特色社会主义的根本要求和实现路径。工资性收入代表了劳动者在劳动创造的财富中所获得的份额，直接关系到劳动者的切身利益，是劳动光荣的物质基础。

（一）薪酬待遇持续提高的轨迹

新中国是在“一穷二白”的基础上发展起来的。在相当长的时间里，中国走了一条“独立自主，自力更生”的道路，依靠自己的力量，努力完成工业化所必需的资本原始积累。在筚路蓝缕的进程中，全国人民克勤克俭，社会工资水平长期偏低是历史事实。

改革开放以后，尤其是加入 WTO 之后，中国产品加快走向世界。初期由于技术水平低，品牌影响力低，劳动附加值低，中国产品要占领国际市场，增加贸易份额，只能采取低价竞争策略，职工收入也因此受到很大压制。近代以来，后起的国家基本上都采取了这一策略，彼此之间的区别主要在于：其一，能否顺利通过这一发展的隘口；其二，用多少时间走完这条必经之路。

在中国共产党的领导下，在全国人民的共同努力下，中国制造进步神速，技术含量不断提升，创新内涵增强，产品质量提高，品牌影响扩大，劳动附加值增加，经济发展接连迈上新台阶，职工收入也水涨船高，呈现出稳定增长的态势。全社会工资性收入普遍提高反映了国家经济发展的成就，反映了社会主义制度追求共同富裕的价值目标，也反映了劳动者分享经济发展成果的现实。

拓展阅读

工资条里看巨变：中国居民收入已实现历史性突破

青岛退休教师张伟源把自己 1991 年以来的 300 多张工资条整理成了“工资收入凭证汇集”。20 世纪 90 年代初的工资条已经泛黄，一些字迹也已经模糊，但细细品味起来，却能看到不同时代的记忆与变迁，如粮价补贴、灭鼠补贴等，都是特殊的“年代名词”。张老师说，1991 年他每月工资是 287 元，到 2017 年已经涨到数千元，家庭生活有了翻天覆地的变化。这些工资条是张老师的珍藏，也是一代人的共同记忆。千万中国家庭物质生活的改善，就隐藏在这些工资条变化的数字里。

70 多年来，中国居民工资收入实现了大幅增长。国家统计局数据显示，改革开放前，中国平均工资增长较慢，1952—1978 年，全部职工平均工资从 445 元增加到 615 元，增长了 38.2%，扣除物价因素，实际增长不多。

改革开放后，经济发展不断迈上新台阶，城镇就业人员平均工资快速增长。2020 年全国城镇非私营单位就业人员年平均工资为 97379 元，比上年增加 6878 元，名义增长 7.6%。扣除价格因素，2020 年全国城镇非私营单位就业人员年平均工资实际增长 5.2%。

党的十八大以来，城镇单位就业人员年平均工资增长速度为 9.6%，扣除价格因素实际平均增长 7.4%，高于同期 GDP 增速，中国形成了世界上人口最多的中等收入群体。

（来源:《人民日报（海外版）》，2019-10-08，有删改。）

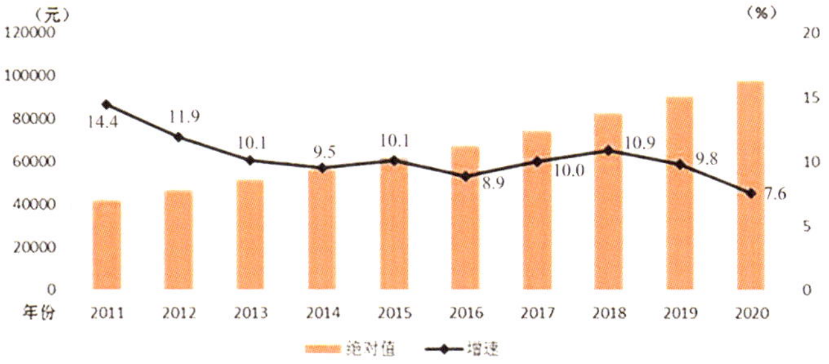

图 4-4-1　2011—2020 年城镇非私营单位就业人员年平均工资及增速（来源：统计局网站）

（二）收入前景，有依据的乐观

劳动者工资收入普遍增长的大局，对高职学生来说很重要，但更重要的是未来就业和收入会怎么走，影响或决定未来走势的积极因素更值得关注。

未来对工资收入水平影响最大的因素有两个。一是中国人口红利期渐近尾声。自 2012 年以来，每年劳动力减少数量平均在 300 万，人社部预计“十四五”期间劳动力总量将减少 3500 万。从企业挑职工，到职工挑企业，劳动力供求关系的逆转，将推动职工工资进一步上涨。近年来用工成本急剧上涨，主要就是由职工工资上涨推动的。

二是中国“人才红利期”已经开启。劳动力成本增加，产品价格上涨，将加速中国经济转型和产业升级，由创新型、技能型和复合型人才为主的“人才红利”将成为中国下一步发展的动力源。有一技之长、勤奋肯干、善于钻研的劳动者将在人才市场上广受欢迎。职工收入与所创造的附加值挂钩，与他们给企业带来的效益同步增长，才是可持续的。

课堂案例

“95后”快递小哥成为杭州高层次人才

图 4-4-2 李庆恒与他的荣誉证书

李庆恒是一名“95后”快递小哥。面对简单重复的快递分拣工作，他没有产生厌烦情绪，而是在工作中练就了绝活——快速识别快递的归属地，被同事们称为“行走的快递百科”。在2019年浙江省第三届快递职业技能竞赛中，李庆恒拿下快递员项目的第一名，获评“浙江省技术能手”。正是这个“第一”，帮助李庆恒申请到了杭州高层次D类人才，不仅获得了百万元首套购房补贴，还能享受直接落户、子女就学、车辆上牌等百余项人才优待。

【案例评析】像李庆恒这样的高技能人才，在杭州所有高层次人才分类认定中占比超过了5%。除了快递小哥，还有普通护士、种植苗木的能手及一些新领域人才，如网络作家等。今天，在人才评价上，“唯学历”“唯职称”的观念和做法加速淡化或弱化，智力尤其是创造力等脑力劳动因素的权重在增加，既能动手，又能动脑的劳动者可以获得更高的市场报价，更有底气要求体面的工资。

（三）新业态下收入来源多样化

随着互联网技术的普及，出现了各种新业态，为未来职业人提供了多样化的就业选择和多元化的收入来源，其中有两大方向对年轻人特别有利。

其一，在互联网上自主创业。过去个人主要以在企业或其他实体中任职为就业形式，决定权不在自己手中。自主创业容易遭遇各种资源瓶颈，包括资金、人脉、技术、场地等，启动成本较高，经营风险较大，初出校门的大学生初次创业的存活率普遍偏低。现在可以在互联网上独自创业，从电商、微商到写微博、做短视频等，不一而足。今天所谓“网红”只是社会认可度比较高的一部分自由职业者，更多的从业者虽然不那么“红”，但也活得自主自由。

拓展阅读

第三批新职业发布——带货主播“转正”了

7月6日，人社部联合市场监管总局、国家统计局正式向社会发布一批新职业，包括“区块链工程技术人员”“城市管理网格员”“互联网营销师”“信息安全测试员”“区块链应用操作员”“在线学习服务师”“社群健康助理员”“老年人能力评估师”“增材制造设备操作员”9个新职业。这是我国自《中华人民共和国职业分类大典（2015年版）》颁布以来发布的第三批新职业。

此次还发布了一些职业发展出的新工种，如互联网营销师职业下增设的“直播销售员”，人们熟知的“电商主播”“带货网红”有了正式的职业称谓。

互联网技术的发展催生出多样化创业就业模式。如今，互联网技术发展已深入到现代生活的各个方面。尤其是在商品市场领域，随着短视频、直播带货等网络营销行业的兴起，覆盖用户规模达到8亿以上，互联网营销从业人员数量以每月8.8%的速度快速增长，大量中小微企业也因网络营销方式激发出了活力，直接带来的成交额达千亿元。

（来源：《经济日报》，2020-07-07，有删改。）

其二，无须创业，年轻人可以一边在企业任职，一边在互联网上承接任务或者独立开展经营。现在流行的“斜杠青年”称谓，就是说劳动者不再局限于一个职业、一个岗位，只要敢于开拓，提升自己，做到“一专多能、一岗多任”，就能拥有多元化的收入来源，在增加总体收入的同时，实现职业与兴趣的平衡。这正成为越来越多劳动者选择的就业形式和生活方式。

拓展阅读

加这道“斜杠”，是我对人生的郑重选择

“斜杠”（“/”），最早是由美国专栏作家麦瑞克·阿尔伯在《一个人/多重职业》一书中提出的概念，用以指代拥有多重职业和身份的人。“斜杠”概念进入中国便与青年文化一拍即合，成为年轻群体的一种流行风尚与生活态度，风靡社交网络。

“斜杠青年”是新兴业态急速发展的产物。随着经济发展、产业升级，美妆达人、付费咨询师、数字化管理师等新兴职业强势崛起，为多重职业者提供了更多可能。同时，互联网技术的进步和运用，大大改变了生产组织形态，也解放了对工作场景的束缚。当一个人就能成为一个独立的服务提供商时，“斜杠青年”便有了“生长的土壤”。

“斜杠”是大环境的映射，也是个体的选择。来自中国青年报社会调查中心的调查表明，一半以上的青年想成为“斜杠青年”，并认为这样可以高效利用时间，充实生活。可以说，“斜杠”是当代青年中的一种群体价值取向。《中国青年研究》杂志发表的一篇关于“斜杠青年”的研究分析了这一价值取向产生的背景：随着现代社会一部分结构化组织和稳定性规范被打破，灵活的劳动力市场和结构性失业出现，消解了青年就业人群的工作安全感。青年人也面临自我实现的困境，包括职业中产生的无力感、迷失的价值感和缺失的自我认同，这迫使他们重新寻找工作的意义。“斜杠”便是在这样的背景下，年轻人所追求的自我实现。

“斜杠”是一类青年的价值观，但不是青年成功、成才的方法论。“斜杠青年”的内核是积极探索多元的人生，让人生有更多选择。事实上，不论你想成为一名“斜杠青年”，还是一名超级专业人士，你都应该首先成为一名“内核青年”——以内在驱动、自我比较以及内在评价为核心的人。只有这样，才能做出忠于内心的抉择，过上更加富足与幸福的人生。

（来源：《光明日报》，2020-06-28，有删改。）

今天的高职生，未来的职业人，面临的是共同富裕格局下工资性收入持续上涨的大好趋势，有着技术进步造就的就业新机会，但要顺应大势、把握机会，仍需自己有所行动，有所作为。今天认真学习、掌握知识和技能，明天踏实工作、大胆创新，拥有一份体面收入且保持持续增长，是可以期待的，也是一定能实现的，独立创业或当一个“斜杠青年”，也是可能和可行的。锚定国家发展，规划职业生涯，清清白白做人，兢兢业业工作，堂堂正正赚钱，劳动有体面，劳动者有尊严！

思与悟

新业态下，如何实现收入的可持续增长和收入来源的多元化？

五 职业发展，在专业声望的阶梯上

扫码观看微课视频

活跃在市场环境中，靠交换劳动成果为生的劳动者，都是职业人。职场是劳动者实现自我价值，享受劳动光荣的主战场，个人在自己职业生涯中取得成就和实现跨越，收获经济回报和社会声望。职场荣耀是劳动光荣的重要体现。

现代职场为劳动者实现个人发展提供了多个制度化途径，只要有心，肯努力，且力气用对了地方，总有适合自己的机会。

（一）从小工到师傅

在职场中，技术含量不高的岗位操作者往往被称为“小工”，而掌握技能尤其是稀缺技能的技术工人，不论年纪大小都会被尊称为“师傅”，这里面大有道理。

从劳动分工的角度来看，职业自诞生以来就同技能有着不可分割的联系。同样一件事情，业余爱好者想怎么做，就可以怎么做，而一个职业人如果不能表现出“职业水准”，那就有“混饭吃”之嫌。

“师傅”是一个带有尊崇意味的称呼，其本义指掌握别人不具有的技能，可以指导或帮助别人解决遇到的难题，值得别人学习和尊敬的技能高手。打铁有铁匠师傅，做木工有木匠师傅，摆摊修鞋有鞋匠师傅，维修汽车有修车师傅，进医院必以“医生”相称，进学校必以“老师”相称，所有这些称呼都包含了满满的尊敬，职场荣耀由此开始。

图 4-5-1 各个行业的“师傅”

在一些传统行业中，比如手工业、服务业，还有曲艺界等，有拜师的职业习俗。“一日为师，终身为父”，这不是统称的“师傅”，而是带有人身关联的“师父”。授人手艺就是给人饭碗，恩同再造，所以有此称呼。随着时代进步，现在师徒关系仍在，但人身依附关系不再，传授技艺的过程也职业化了，“师父”的身份和称呼已经完全被“师傅”或“导师”所代替。

不管怎么说，职场永远是一个认技艺、认产出的地方，只有做得比别人多、比别人好，特别是能做别人做不出的产品、做不到的质量，才能得到市场回报和社会认可。

（二）从技工到技师

职场称呼不只有“师傅”或“师父”，还有代表职业技能水平的专门职称体系。许多专业性强的职业设置了技能等级，一个等级就是一档工资，一级职场地位，一份权威和尊重。在大学里，教师有职称，从助教、讲师、副教授到教授，而教授这个层级中还分四个等级。在制造业的技术工种中，工人也有级别，最高是技师或工程师。这些技术等级的授予需要得到政府主管部门的认可，获颁正式的证书，代表相应的职场地位。

课堂案例

技术工人获评正高级职称！他是浙江第一位

2021 年 7 月 5 日，绍兴柯桥水务集团排水有限公司老焊工丁卫松，从网上看到浙江省经信厅、省人力社保厅联合发布的自己获评正高级工程师的通知，喜上眉梢。

丁卫松成为浙江省工程技术领域高技能人才与工程技术人才职业发展贯通以来，首位获评正高级职称的技术工人。

“过去，技术工人在获得高级技师后，技能等级也就到头了。如今工人也能成为工程师，这对我们技能人才来说，是极大的鼓舞！”

图 4-5-2　丁卫松

丁卫松说，自己从事焊接工作 30 年，是浙江首席技师和全国技术操作能手，国务院政府特殊津贴获得者。凭借对带水、汽容器的切割和焊接技术在全国一绝，攻克 22 项技术难题，带徒传艺培养 70 多名高级技师等成绩，丁卫松破格参加正高级工程师评审并最终获得通过。

2019 年 8 月，省经信厅、省人力社保厅联合制定下发了浙江省机电制造工程正高级工程师职务任职资格评价条件，不唯学历、不唯论文、不唯奖项，像丁卫松这样长期在生产一线工作，具有高超技艺技能和取得突出业绩的人才，也可以通过标志性业绩申报。

“浙江制造走向浙江智造，高技能人才是基础和依托。新的评价条件更多关注我省产业发展对人才的需求，致力于提高人才与产业链的结合度。”组织评审的省经信厅相关负责人表示，职称评审真正打通了高技能人才与专业技术人才职业发展通道，有利于培养更多高质量的复合型技术技能人才。

（来源：《浙江工人日报》，2021-07-08，有删改。）

【案例评析】过去，一线工人不能参加职称评审，部分高技能领军人才需要通过“破格”享受对应的职称待遇。近年来，全国不少省份不断深化职称制度改革，希望打破技能人才职业发展的“天花板”。这向一线技术工人释放出强烈信号——在今天，每一位凭技能、靠本事、善创新的技能人才，都有实现人生价值的机会和通道。高职学生在学期间端正思想，学好知识，掌握技能，考取技术等级证书，赢在职场起跑线上不是梦想。

（三）从传承者到创新者

职业人技能来自传承，向有经验特别是有创意的老师傅学习，永远是必要的。继承传统技艺与自主创新并不矛盾，劳动和劳动技能永远处在迭代进化中，需要每一代劳动者在传承中创新，在创新中传承。

任何一个职业岗位，即便是简单的流水线操作，也有可以探索改进的地方。只要勤于观察，善于发现，勇于探究，乐于创新，总能在别人熟视无睹的地方，看到可以改进和革新之处，由此实现超越前人的进展，脱颖而出。

不同于通常说的创造，创新必须具有商业价值，如果具有足够的独创性，就可以申请专利，获得知识产权，别人如果用于生产，必须得到专利持有人的许可。而授权许可是有偿的，被授权者需要支付一定的费用。知识产权本质上是一种财产权，可以为专利持有人带来经济利益。创新的商业价值越大，形成专利后可能带来的收益也越大。专利制度建立以来，依靠专利授权而获得经济上成功的劳动者并不鲜见。事实上，不少好学上进、勤思苦练的高职学生，在学期间已经做出发明、申请专利、获得奖项，甚至在国际舞台上崭露头角。

拓展阅读

金职院机电工程学院成立新能源汽车集成先锋团队

金职院机电工程学院新能源汽车集成先锋团队的创立缘于一次偶然的机会。几名同学偶然在实训中看到了新能源电动车 12V 的蓄电池在行驶过程中无法自动充电的现象，提出将微型电动汽车车载充电机和车载高低压直流转化器两个装置进行集成的设想，在老师带领下，确定研发“新能源汽车车载充电机与 DC/DC 集成装置”项目。

图 4-5-3　吕程铭团队在上课

团队成立后，经过反复试验，不断完善和改进技术方案，该项目最终顺利完成，并与6家公司达成欲合作协议。目前本项目通过出售“集成侠”进行赢利，同时结合技术诊断、电路集成技术、机械结构设计三种技术，实现三位一体的服务模式，为合作企业解决了A00级电动车行驶时充电模块故障灯常亮、故障码无法消除等多个问题，获得良好的企业反馈。2019年10月取得的查新报告，证明该项技术是国内首创。

（来源：浙江新闻客户端，2020-11-06，有删改。）

（四）从操作工到管理者

职场需要一线的操作者，也需要管理者。分工越是细化，每道工序的操作越是简化，协调不同岗位、整合生产全过程的工作越是重要，管理岗位自然产生。而随着管理任务的增加，管理系统内部出现不同层级，劳动者面临职业发展的另一条路径。

进入职场，在一线岗位上，积累工作经验，包括操作和管理的经验，发现生产流程中的不足之处，找到改进方案，通过优化管理提高效率，改进质量，推出创新，联合工作伙伴，发挥“1+1>2”的作用，如能完成这个过程，一个操作者差不多站在了管理者的门前。管理的职工越多，实现大家越多的潜力，整体效率越高。

事实上，许多企业家最初就是从一线操作工人做起的。他们在岗位上逐渐积累工作经验，进而掌握整个生产流程的要求，最后站上管理乃至决策的岗位。

（五）从员工到经营者

“不想当将军的士兵不是好士兵。”虽然将军永远少于士兵，但最后当上将军的士兵大有人在。当下，一方面国家鼓励创业，各种政策配套齐全，风险资本四处选择前景良好的标的；另一方面技术发展一日千里，商业模式快速迭代，年轻人更有优势。经过几年职场历练，技术熟练了，管理精通了，需求了解了，市场清楚了，人脉建好了，自主创业水到渠成。如果企业经营成功，赢利模式可靠，技术创新卓有成效，那么通过股票上市兑现股权，实现财务自由，也不是不可能的。钟声响起，劳动者将迎来职业生涯的高光时刻。

人物事迹

李律昊：创业路上的新农人

他出生于畜牧经营世家，三代从商，自小跟随家中长辈频繁出入养殖场、售卖集市，耳濡目染下对生猪养殖产生了浓厚兴趣。于是，他毅然决然地选择了畜牧兽医作为自己的专业，从中职到高职，从专业到社团，从理论到技能，他在这一条道路上越走越宽。他，就是象山县港市菜篮子配送有限公司创办人、金职院农学院畜牧兽医专业2019届毕业生李律昊。

2015年暑假，李律昊在象山县丹城镇集市摆摊售卖肉制品，收获了人生的“第一桶金”；同年9月，他在日本东京随勃林格殷格汗公司技术团队参观学习动物疫苗的研发与生产；2016年6月，李律昊跟随大北农集团浙江、福建区域总裁范伟进行学习。此后，他一边学习一边开始尝试带领团队承担项目。

2017年5月，李律昊成立象山县港市菜篮子配送有限公司，主营以猪肉为主体的生鲜农副产品批发配送业务。三年时间里，他创新思维、多措并举，公司在他的带领下，拥有了坚实可靠的运输方式和业界优良的口碑，相继与多个剧组达成食材配送协议，销售总额达480万元，后又与象山县东昊科技牧业有限公司合作肉制品熟食加工业务，售往华东地区各大商场超市。

（来源：金华职业技术学院农学院网，有删改。访问日期：2022-03-25。）

（六）从高职生到职业人

同一个专业且同一届毕业的高职生，几年后在职场发展上走出了截然不同的人生轨迹，并不鲜见。入学时平起平坐，毕业时分道扬镳，相逢时大相径庭，不可同日而语。

人物事迹

章跃洪：“80后”学徒工“逆袭”成大学教师

浙江省章跃洪老师通过多年努力，从数控学徒做起，经历技师、高级技师、全国技术能手的专业技能升级，由技工学院的毕业生成为高校的名师，实现了职业的“华丽转身”。

18岁那年，技校毕业的章跃洪进入一家企业做学徒工。几年后，他得知金华模具城一家商户从广东引进了当时整个金华地区尚未普及的数控技术，每天下午一下班就去那里帮忙。那段时间，他总是忙到夜里11点才能到家，只为从那里学到数控设计与制造方面的软件知识。

“不会就学，学了就能用，所以兴趣越来越浓。”他这样描述自己的动力。25岁那年，章跃洪一举拿下了第二届全国数控技能大赛第二名，并获得“全国技术能手”的称号，被破格评为浙江省首批数控高级技师，金华职业技术学院机电工程学院也将他作为特殊人才引进。

（来源：浙江在线，有删改。访问日期：2022-03-25。）

其实，所有这一切在校园里已初露端倪，能否充分利用学校提供的条件和机会，自我规划，自我安排，自我鞭策，自我实现，是造成差别的根本原因。

操作技能需要在学校中掌握，不能等到进入职场后从头学起，企业不是培训机构，虽有在职培训，但完全不同于职前学习。管理能力来自实践，校园同样是一个不可多得的实操场合。高职教育不仅提供学习书本知识、积累手上技能的机会，还提供参与社团生活，实行自治管理，锻炼交往、对话、处理人际关系能力的机会。管理可以从校园起步。如果再积极主动些，跟着老师做项目，自主设计创新，甚至利用学校提供的条件模拟创业，未来的职业发展空间将更加广阔。

高职教育不只提供职业学习的条件，也展示职业发展的机会，善加利用，前景可期！

职场荣耀，属于自强不息的高职学生，未来的职业人。

思与悟

职场是劳动者实现自我价值，体现劳动光荣的主场，高职学子在校期间能为未来职场发展做哪些准备?

六 历史记忆，劳动者无上荣光

劳动创造历史，劳动成果铸就历史里程碑，劳动者的至高荣誉莫过于成为历史记忆。

“人固有一死，或重于泰山，或轻于鸿毛。”一切为民族生存、国家发展、人民幸福和人类文明做出卓越贡献的劳动者，永远活在历史中。

扫码观看微课视频

（一）中华先祖，创造型劳动者的丰碑

中华民族历来尊崇推动文明进步的劳动者。传说中的先祖多参与劳动，有所发现，有所创造，有所成就。轩辕黄帝堪称通才，相传他发明机械、车船、种植、弓箭、号角，几乎无所不包。夫唱妇随，其妻子嫘祖最早驯化蚕蛾，发明丝绸，至今列衣料之最。神农炎帝以身试药“尝百草”，医治天下生灵，厥功至伟。还有创造文字以致“天雨粟，鬼夜哭”的仓颉，因为奋战在治水第一线而“胫无毛”的大禹，无一不是以自己的双手和智慧，在创造性劳动中造福民族、泽被后人，他们是中华民族名副其实的“大工匠”！

所有这些虽然只是传说，但一个民族把什么样的故事流传给后人，反映出这个民族的态度和理念。与其他民族相信神祇创造世界、创造人、主宰人类命运不同，中华民族坚信用自己的双手和智慧，在劳动中创造美好生活，更愿意把能工巧匠尊为先祖。劳动精神和工匠精神是中华民族的文化基因。

在实践的推动下，远古观念形成传统，在中国历史上从未中断。毋庸讳言，历朝历代官修史籍记载的主要是帝王将相、骚人墨客的行迹，但在中华民族的公共记忆中，能工巧匠永远占据突出位置。

春秋战国之际，号称“天造地化一匠人”的鲁班，以一双巧手发明各种建筑工具，如钻、刨子、铲子、曲尺、画线用的墨斗等，据说他还发明了攻城器械，甚至会飞的“木鸢”，被视为“百工之祖”。

秦国的李冰父子翻山越岭，因势利导，修建都江堰，成功治理蜀地水患，造就成都平原“天府之国”。

隋朝的赵州桥，贯通南北，是世界上现存最早、保存最好、跨度最大的空腹式、单孔圆弧石拱桥，堪称中国桥梁史上的一个奇迹，它凝聚着造桥匠师李春的汗水和心血。

宋末元初，一位年迈的女子回到家乡，改良轧棉方法，传授纺织技术，使松江一带

成为全国的棉织业中心，历经几百年而不衰。她就是黄道婆。

晚清，中国人自行设计和施工的第一条铁路在外国列强的耻笑与阻挠中问世，花钱少、质量好、完工快，以人字形轨道的创举震撼世界。詹天佑这个名字，将为后人世代铭记。

他们都是名垂史册的巨匠，如繁星闪耀在中国历史的夜空。

（二）时代英豪，进入历史的劳动者

到了工业化大潮涌起的近现代，劳动者以崭新面貌走上历史舞台，留下更多可歌可泣的业绩。在田间地头，在桥梁隧道，在街头巷尾，在边境线上，在科技攻关一线，劳动者的新形象熠熠生辉。

在革命战争年代有“边区工人一面旗帜”赵占魁、“兵工事业开拓者”吴运铎等。

人物事迹

边区工人的一面旗帜

图 4-6-1　赵占魁

赵占魁（1896—1973），山西定襄人，是一位用革命者的态度对待工作的“新式劳动者”，是抗日战争时期陕甘宁边区农具厂化铁工人，是在生产竞赛中涌现出来的劳动英雄，被毛主席称为中国式的“斯达汉诺夫”。

他在高温炉旁作业，无任何防护措施，每天早出晚归，钻研技术改进工艺，提高产品质量；在工作上不怕艰苦繁重，始终站在最前面，做得最多最好，从不自夸、不贪功，从不计较个人的待遇与得失，克己奉公。他说，为革命多做些工作，是自我牺牲精神的应有体现，要始终保持新的劳动态度和主人翁的精神，把自己锻炼成为一个劳动英雄、技术能手、节约模范，锻炼成为一个团结和学习的标兵。1939 年，他被边区政府评为模范工人；1943 年被评为边区“特等劳动英雄”，成为边区工人的一面旗帜；1950 年 9 月被授予“全国劳动模范”称号。

在中华人民共和国成立后，有“高炉卫士”孟泰、“铁人”王进喜、“两弹元勋”邓稼先、“知识分子的优秀代表”蒋筑英、“宁肯一人脏，换来万人净”的时传祥等杰出的劳动者。所有这些杰出劳动者已成为中华民族的历史记忆。

改革开放以来，也涌现了“蓝领专家”孔祥瑞、“金牌工人”窦铁成、“新时期铁人”王启民、“新时代雷锋”徐虎、“知识工人”邓建军、“马班邮路”王顺友、“白衣圣人”吴登云等优秀劳动者，他们的先进事迹被广为传扬，成为时代的强音。

人物事迹

宁愿一人脏，换来万家净

时传祥（1915—1975），山东齐河人，生前系北京市东城区环境卫生服务中心十所清洁队工人，北京市原崇文区清洁队“青年班”班长。他对整个清掏区的情况都了如指掌，百十斤重的粪桶每天要背近百桶，以“宁愿一人脏，换来万家净”的高尚境界赢得了社会各界的尊重。他干工作不管分内分外，见墙头倒了就主动砌好，见厕所没挖坑带上工具就给挖好。不仅带出了思想过硬、业务一流的青年班，他倡导的“工作无贵贱、行业无尊卑”的为人民服务思想也得以经久传承。2009 年，时传祥入选 100 位新中国成立以来感动中国人物。

图 4-6-2 时传祥

人物事迹

最美奋斗者

孔祥瑞，1955 年生，天津市人。1972 年，17 岁的孔祥瑞初中毕业，在天津港当上了一名门吊司机。“可以没有文凭，但不能没有知识。”“当代工人，只有有知识、有技能，才能有力量。”带着这样的信念，工作中，他积极进取，勤奋学习，认真钻研，不断探索。他是一名现代工人，更是一位技术能手，在他的努力下，门机障碍一个个被克服；在他的奋斗中，220 多项技术创新项目得以实施。他先后获得 10 项国家专利，多次填补了我国港口系统设备接卸煤炭的技术空白，为企业创造经济效益超亿元。孔祥瑞 2001 年获“全国五一劳动奖章”，2005 年被授予“全国劳动模范”称号，2006 年获评“感动中国”人物，2011 年获全国“敬业奉献模范”称号，2019 年被评为“最美奋斗者”。

图 4-6-3 孔祥瑞

中华传统文化一向推崇对劳动实践的认同、对劳动精神的传承、对劳动文化的传播。劳动模范是亿万劳动者的杰出代表，集中展现了工人阶级和广大劳动群众的优良品质，享有崇高声誉，备受人民尊敬，是最美好的历史记忆。

（三）闪耀星空，劳动者的“三不朽”

人要生活，要承担对家人的责任，不能不讲现实利益，但不能将心胸视野局限于物质层面，总要有所追求，找到人生的价值、生命的意义，才能活得充实。中华民族的终极追求是“三不朽”的人生境界：立德、立功、立言。

“立德”即以道德操守成为楷模，为后世传颂而得以不朽；

“立功”即以事业功绩泽被后世，为人感念而得以不朽；

“立言”即著书立说，创一家之言，世代相传而得以不朽。

不同时代的劳动者，只要以艰苦奋斗的劳动精神、精益求精的工匠精神、小我服从大我的牺牲精神而以身作则，便是“立德”；以自己创造的业绩造福人民、贡献国家，便是“立功”；以朴素词语总结劳动经验，阐发劳动哲理，便是“立言”。

悠悠数千年，民族历史留下多少劳动者的丰碑：有形的和无形的，有名的和无名的，个体的和群体的。

人物事迹

茅以升：中国现代桥梁之父

图 4-6-4　茅以升

茅以升（1896—1989），原名茅以昇，字唐臣，江苏镇江人，著名科学家，我国现代桥梁科学奠基人，被誉为“中国现代桥梁之父”。20 世纪 30 年代，他担纲建成了中国人自己设计和施工的第一座现代钢铁大桥——钱塘江大桥，这是中国第一座自行设计和建造的双层铁路、公路两用桥，打破了外国桥梁专家“中国人无法在钱塘江上建桥”的谬断。中华人民共和国成立后，茅以升又参与修建武汉长江大桥。如今，武汉长江大桥虽已超过设计时限，但仍然能正常通车，安全无恙。茅以升一生学桥、造桥、写桥，在中外报刊发表文章 200 余篇。主持编写了《中国古桥技术史》及《中国桥梁——古代至今代》，著有《钱塘江桥》等，为我国桥梁工程建筑事业做出杰出贡献。2006 年，为了纪念他为我国桥梁工程建设和科技、教育、科普事业做出的杰出贡献，中国科学院国家天文台将一颗由我国科学家发现的编号为 18550 的小行星命名为“茅以升星”。

人物事迹

王崇伦：走在时间前面的人

图 4-6-5　王崇伦

王崇伦（1927—2002），辽宁辽阳人，曾为鞍钢工人，后任鞍钢工会主席，中华全国总工会副主席。先后 14 次受到毛泽东、周恩来、朱德、邓小平等党和国家领导人的接见。中华人民共和国成立后，百废待兴，建设一个新的国家是一场与时间的赛跑，他用 1 年的时间完成了 4 年的生产任务，成为全国最先完成第一个五年计划的一线工人，被誉为“走在时间前面的人”。靠着永不倦怠的创新精神和艰苦奋斗、忘我工作的劳动精神，他相继改进成功 7 种工具、卡具，发明了“万能工具胎”，大大提高了工作效率；始终坚持技术革新，先后突破十几项重要技术难题，实现 100 多项革新，终于成功试制出大型轧辊等一些过去依靠进口的设备，填补了我国冶金史上的空白。也正是凭着永不倦怠的创新精神和艰苦奋斗、忘我工作的劳动精神，他将自己的名字永远镌刻在时间的长河中，激励着一代代人奋勇争先、革新创造。2019 年，王崇伦被评为“最美奋斗者”。

人物事迹

路遥：深情书写普通劳动者

路遥（1949—1992），本名王卫国，陕西榆林人，中国当代作家，代表作有长篇小说《平凡的世界》《人生》等。1991 年，《平凡的世界》获第三届茅盾文学奖。《平凡的世界》以孙少安和孙少平两兄弟为中心，刻画了 20 世纪 70 年代中期到 80 年代中期中国社会众多普通人的形象，将劳动与爱情、挫折与追求、痛苦与欢乐、日常生活与巨大社会冲突纷繁地交织在一起，深刻地展示了普通人在大时代历史进程中所走过的艰难曲折的道路，是一部揭示人生、讴歌普通劳动者的鸿篇巨作。“像牛一样劳动，像土地一样奉献”“有耕种才有收获；即使没有收获，也不为此而终生遗憾”“劳动并不是一种耻辱，而是我们生活的基本要求”“只有劳动才可能使人在生活中强大。不论什么人，最终还是要崇尚那些能用双手创造生活的劳动者……”路遥深情书写普通劳动者，用文字颂扬崇尚劳动、热爱劳动、辛勤劳动的劳动精神和拼搏奋进、敢为人先的时代精神，他和他的《平凡的世界》激励了一代又一代青年人崇尚劳动、向上向善、自强不息，积极投身改革开放的时代洪流中。2018 年，路遥荣获“改革先锋”称号；2019 年，被评为“最美奋斗者”。

人生易老，精神不朽，劳动最光荣，历史的荣耀属于劳动者！

思与悟

为什么说劳模进入历史记忆是当代新传统？